Kind und Beruf:
(K)ein Problem

freundin
RATGEBER

Kind und Beruf: (K)ein Problem

Ingeborg Weber

FALKEN

In Kooperation mit freundin sind zum Thema Berufswahl außerdem erschienen:
Gertrud Teusen, So finde ich den richtigen Beruf (1175)
Susanne Stein, Die richtige Bewerbung (1210)
Gertrud Teusen, Neu im Job – So überzeugen Sie (1259)

Die Deutsche Bibliothek – CIP-Einheitsaufnahme

Weber, Ingeborg:
Kind und Beruf, (k)ein Problem / Ingeborg Weber. –
Niedernhausen/Ts. : FALKEN, 1992
ISBN 3–8068–1322–1

ISBN 3 8068 1322 1

Herausgeber: Eberhard Henschel, Chefredaktion freundin
Redaktion: Edda Küffner
Titelbild: BAVARIA/TCL, Gauting
Illustrationen: Bengt Fosshag, Frankfurt

Satz und Umbruch: Fromm Verlagsservice GmbH i. G., Idstein
Druck: Wiesbadener Graphische Betriebe GmbH, Wiesbaden

817 2635 4453 6271

Inhaltsverzeichnis

Vorwort

Liebe Leserinnen,
Liebe Leser,
im neunten Monat habe ich den Führerschein gemacht. Ich dachte: Was erledigt ist, ist erledigt, wer weiß, wieviel Zeit bleibt, wenn das Kind erst da ist. Der Fahrprüfer stellte den Sitz hinterm Steuerrad sehr weit zurück und behandelte mich wie ein rohes Ei. Ging die Sache deshalb so reibungslos über die Bühne? Sei's drum.

Als unser Sohn schließlich in seinem Körbchen lag, war ich überrascht, wieviel Zeit ich hatte. Das Kind schlief ja fast immer. Also rief ich die Feuilletonredaktion einer Tageszeitung an, für die ich bis dahin gearbeitet hatte, und verkündete ebenso kühn wie naiv: „Ich habe Zeit – wenn Ihr Arbeit habt ..." Sie hatten Arbeit, schickten mich hierhin und dorthin, und ich sauste los – während der Vater des Kindes (ebenfalls freier Journalist) das Baby bewachte.

Aber schon nach wenigen Wochen schlief das Kind längst nicht mehr soviel, reagierte vielmehr wie ein Seismograph auf meine Befindlichkeit. Hatte ich Muße – weil kein Schreibauftrag zu erledigen war –, brabbelte es friedlich vor sich hin und jauchzte, wenn man sich über es beugte. Stand ich aber unter Zeitdruck – um 15 Uhr war immer Redaktionsschluß! –, schrie es das ganze Haus zusammen.

Die Botschaft des Kindes an seine ungeübten Eltern war unmißverständlich: So nebenbei und so zwischendurch läuft hier gar nichts.

Weil uns nichts Schlaueres einfiel, griffen wir (fürs erste) zur klassischen Rollenverteilung: Der Vater, besser im Geschäft als die Mutter, konzentrierte sich auf den Broterwerb, die Mutter war „ganz" für das Kind da. Die Entscheidung war mir nicht sonderlich schwer gefallen. Andererseits verließ mich keinen Augenblick die Sorge, ich könnte womöglich beruflich den Anschluß verpassen.

Aus heutiger Sicht gehören die Baby-Zeiten (sehr schnell kam eine Tochter hinzu) zu den lehrreichsten und letztlich gewinnbringendsten Phasen meines (bisherigen) Lebens. Wenn man mittendrin steckt, erkennt man das oft gar nicht. So kann ich auch heute erst drüber lachen, wenn ich an die Anrufe meiner (kleinen) Kinder in der Redaktion denke; damals hingegen war ich manchmal ganz schön verzweifelt.

Ich hatte inzwischen einen festen Job angenommen. Teils, weil ich meinen Beruf liebe, teils weil ich Geld verdienen *mußte*. Nichtsdestotrotz hatte

ich jahrelang ein schlechtes Gewissen. Meine Großmutter und meine Mutter hatten zeitlebens am Herd gestanden, die Kinder und Kindeskinder an ihrem Rockzipfel. Ich kann mich nicht erinnern, jemals von der einen oder der anderen mit den Worten „Ich habe jetzt keine Zeit für dich" weggeschickt worden zu sein.
Ich hingegen war für meine Kinder tagsüber allenfalls telefonisch zu erreichen. Diese Möglichkeit nutzten sie allerdings unerbittlich. Da schluchzte die Tochter ins Telefon: „Hilfe!!!" – der Bruder hatte ihre Flöte, ihren Turnbeutel, ihre Ballettschuhe versteckt, und in einer halben Stunde begann der Unterricht! Da verlangte der Sohn die telefonische Durchgabe eines hübschen kleinen Textes zum Thema „Der Sonntagsausflug" mit der Begründung: „Du kannst das doch so gut, und bei mir dauert es Stunden ..."
Mein schlechtes Gewissen funktionierte großartig. Zwischen Redaktionskonferenz, Interview-Termin und Betriebsratssitzung schlichtete ich fernmündlich Geschwisterstreit mit Engelszungen und telefonierte Hausaufsätze durch – zum Mitschreiben. Nicht, daß ich das etwa im Nachhinein bedauerte. Eins aber weiß ich inzwischen: Mein schlechtes Gewissen war für die Katz. Die Kraft, in meinen Selbstzweifeln gebunden, war vergeudete Kraft. Längst ist für meine Kinder eine berufstätige Mutter – mitsamt der unter den Familienmitgliedern aufgeteilten Putzerei, Einkauferei, Kocherei – das Selbstverständlichste der Welt. Dieses Buch soll (auch) dazu beitragen, daß die neuen Mütter (und Väter) erst gar kein schlechtes Gewissen haben – vielmehr *alle* Kraft in die Gestaltung ihres Lebens in Beruf *und* Familie, in Familie *und* Beruf investieren können.

München, im Mai 1992 *Ingeborg Weber*

„Ja, Sie sind schwanger." – Das ist er, der Augenblick, den keine Frau je wieder vergißt. Ihr Gegenüber, die Frauenärztin oder der Frauenarzt, merkt nichts von der Explosion in ihrem Innern. Scheinbar unbewegt bespricht sie die nächstfälligen Untersuchungstermine, nimmt medizinische Hinweise, Ernährungstips, gute Ratschläge in Empfang – während eine Flut widersprüchlicher Empfindungen ihr gleichsam den Boden entzieht. Sie beeilt sich, ins Freie zu kommen, lehnt sich an die Hauswand, schließt für Sekunden die Augen, atmet tief durch – und findet schließlich die Kraft, sich im nächsten Cafe mit fester Stimme einen Espresso zu bestellen.

Es ist ein Augenblick, wie ihn eine Frau vielleicht nur ein einziges Mal in ihrem Leben erfährt. Ein Augenblick aber, der ihr Leben von Grund auf verändert. Alles übrige ist letztlich revidierbar: die Ehe, der Beruf, Freundschaften, Wohnverhältnisse – dieses (Wunsch-)Kind nicht. Es wird ihr angehören, solange sie lebt. Nie, erzählen Frauen, sei ihnen dieser Umstand deutlicher bewußt geworden als in eben jenem Augenblick. Und diese Bewußtwerdung habe bewirkt, daß sie sich einerseits sehr stark fühlten – und andererseits sehr schwach.

Stark vor Freude darüber, daß da ein Mensch unverbrüchlich zu ihnen gehören würde (auch wenn vielleicht später einmal Tausende von Kilometern und schier unversöhnliche Meinungsverschiedenheiten zwischen ihnen lägen). Und schwach, weil eine Verantwortung dieses Ausmaßes auch angst macht.

Diese Bewußtwerdung aber legt (auch) den Grundstein dafür, daß sich eine Frau, die erfährt, daß sie schwanger ist, von nun an zuständig fühlt. Zuständig für das Wohl des Kindes.

Das ist gut so. Kinder haben ein Anrecht auf die Fürsorge ihrer Mütter.

■ Frauen tragen bis heute den Großteil der Last

Doch kippt die Sache ins ganz und gar Unverzeihliche, ja Skandalöse, wenn das Kind seiner Mutter zur Falle wird. Das heißt: wenn die Gesellschaft die Mütter beim Großziehen ihrer Kinder *nicht* unterstützt; sie vielmehr, unter Berufung auf die ach so innigen Bande zwischen Mutter und Kind, diskriminiert; indem sie sie etwa von beruflicher Weiterentwicklung, gerechter Bezahlung, ökonomischer Unabhängigkeit ausschließt.

So war es (hierzulande) bis gestern. Und so ist es vielfach auch heute noch. Bis heute nehmen vor allem die Mütter Ausstiege aus dem Beruf und komplizierte Wiedereinstiege in Kauf. Bis heute nehmen vor allem die Mütter die Betreuung und Förderung ihrer Kinder auf ihre Kappe – mit den sattsam bekannten Folgen: Karriereeinbußen, Rentenminderung und Überforderung durch die Dreifach-Belastung mit Kind, Haushalt, Beruf. Bis heute wird – wenn auch oft zähneknirschend – geduldet, daß Chefs beherzten Vätern, die ihren Part der Kinderbetreuung übernehmen wollen, ungerührt den Erziehungsurlaub verweigern oder sich doch lauthals darüber wundern, daß Väter Dinge tun möchten, die doch eigentlich „Müttersache" sind.

„Müttersache." „Vätersache." Ein interessanter Trend ist zu beobachten. Noch nicht sehr ausgeprägt, doch unübersehbar. Nicht zuletzt angesichts der Tatsache, daß mittlerweile ein dreijähriger Erziehungsurlaub genommen werden kann (für Kinder, die ab 1. Januar 1992 geboren sind), entscheiden sich immer mehr Väter, diesen Sonderurlaub mit der Mutter des Kindes zu teilen und sich ihrerseits eine Zeitlang ganz ihrem Kind zu widmen. Eine ebenso erfreuliche wie überfällige Entwicklung. Schließlich geht es um die Glaubwürdigkeit unserer gesellschaftspolitischen Prinzipien. Der Grundgesetzartikel 3 „Männer und Frauen sind gleichberechtigt. Niemand darf wegen seines Geschlechts (...) benachteiligt oder bevorzugt werden" ist 42 Jahre alt. Die Schul-, Ausbildungs-, Studienabschlüsse der Männer und Frauen halten sich inzwischen die Waage. Tatsächlich werden heute von jungen Männern und jungen Frauen in gleichem Maße berufliche Qualifikationen erworben (wenn sie auch immer noch nicht gleich vergütet werden!). Die Pläne und Hoffnungen der männlichen und weiblichen Achtzehnjährigen gleichen sich immer mehr.

Noch bei der Vorbereitung auf die Geburt des Wunschkindes greift das partnerschaftliche Prinzip. Der angehende Vater geht mit zur Schwangerschaftsgymnastik, lernt Windeln wechseln und füttern. Bei der Entbindung bauchatmet, entspannt sich, hechelt und preßt der Vater gleichsam mit. Er nimmt als erster das Neugeborene in Augenschein, legt es der Mutter auf den Bauch. Gemeinsam durchtrennen die Eltern die Nabelschnur, durchleben mit ihrem Kind die ersten schicksalsträchtigen Tage zu dritt. Und viele sensible Väter entwickeln nun, was die Mutter des Kindes, kraft ihres stärkeren körperlichen und seelischen Betroffenseins, ihnen bereits voraus hat: das Bewußtsein für die Schutzbedürftig-

keit ihres Kindes, für die Verantwortung, die sie mit diesem Kind auf sich genommen haben.
Das ist gut so. Kinder haben ein Anrecht auf die Fürsorge ihrer Väter.

■ Die alten Rollen funktionieren nur allzu gut

Doch jetzt passiert nur allzu oft der Bruch. Während in der Regel der Mann nach einem ein- bis dreiwöchigen Urlaub aus Anlaß der Geburt seines Kindes wieder ganz selbstverständlich an seinen Arbeitsplatz zurückkehrt, beginnt für die Mutter des Kindes gewissermaßen ein neues Zeitalter. *Alles* ist anders. Sie ist zuallererst Mutter, etwas später vielleicht „berufstätige Mutter". „Berufstätige Väter" gibt es (noch) nicht. Das aber widerspricht allem, was bei Schulentlassungen, der Freisprechung von Auszubildenden und Examensfeiern so vollmundig von den Rednerpulten kommt: daß nun die von Mädchen und Jungen, Frauen und Männern erworbene Qualifikation, das angehäufte Wissen endlich Früchte trage, weiterentwickelt werde, zum Nutzen des einzelnen und der Gesellschaft. Nichts da: von Frauen erworbene Qualifikation liegt nur allzu oft über lange Strecken brach. Aber nicht, weil die Frau so entschieden hat (wo dies der Fall ist, ist ja alles in schönster Ordnung!), sondern weil kein Krippenplatz frei, eine Kinderfrau unerschwinglich, die Wohnung für ein Au-pair-Mädchen viel zu klein und Teilzeitarbeit nicht zu haben ist. Oder auch – und genau dies passiert viel öfter, als wir wahrhaben wollen –, weil es sich „einfach so ergeben" hat. Ehe sie sich's versehen, erfüllen die neuen Eltern das alte Klischee: der Mann draußen und drinnen die Frau. Und kein Mensch findet etwas dabei. Zumindest nicht bei flüchtigem Hinsehen. Es ist ein altbekanntes Bild – und gleichzeitig (immer noch) der Weg des geringsten Widerstandes. Kein Wunder, daß sich letztlich so viele auf ihm wiederfinden.

■ Auf die bewußte Entscheidung kommt es an

Genau an diesem Punkt aber muß sorgfältig unterschieden werden. Nach wie vor ist es ja für eine ganze Anzahl Frauen durchaus erstrebenswertes Ziel, „nur" Hausfrau und Mutter zu sein. (Nach neuesten Untersuchungen des Hamburger FGM-Getas-Instituts sind es rund zwanzig Prozent der Frauen mit einem oder mehreren Kindern unter dreizehn Jahren.) Das heißt: Diese Mütter haben sich ganz bewußt dafür entschieden, mit der Geburt ihres Kindes ihren Beruf auf unbestimmte Zeit an den Nagel zu hängen, um die nächsten, zehn, fünfzehn Jahre ganz die Familie zum

„Job" zu machen. Selbstverständlich verdient auch diese Entscheidung Respekt, vor allem, wenn mehrere Kinder gewünscht sind und ihre Erziehung als eine der anspruchsvollsten Aufgaben betrachtet wird, die ein Mensch erfüllen kann. Um so weniger jedoch ist es in Ordnung, daß die Ableistung dieser Arbeit noch immer als für Frauen „selbstverständlich" angesehen wird, mit anderen Worten: daß der gesellschaftliche Beitrag, den eine Frau damit leistet, sozusagen „ehrenhalber" geschieht. Nichtsdestotrotz: Wo im Einvernehmen mit dem Partner diese Wahl getroffen wird und auch verwirklicht werden kann – die Lebensbedürfnisse und die Lebensumstände sich also miteinander im Einklang befinden, da bedarf es im Grund genommen keiner weiteren Worte. Die arrangierte Situation entspricht den Wünschen derer, die in ihr leben. Gut so. Überall da aber, wo Frauen (und Männer) in eine Situation hineinschlittern, die sie so eigentlich gar nicht wollten, der sie aber gedanklich nichts entgegenzusetzen vermochten, müssen Alternativen entwickelt werden, um nicht am Ende in einer Sackgasse zu enden.

■ Die drei Gründe, warum so oft alles beim alten bleibt

Die Lösung des Problem fängt, wie meistens, im Kopf an. Es gilt herauszufinden, was es denn eigentlich ist, das einerseits der partnerschaftlichen Kindererziehung und andererseits der Möglichkeit zur beruflichen Weiterentwicklung der Mutter (falls diese eine anstrebt) so häufig entgegensteht.

Es sind im wesentlichen drei Dinge, die hier die entscheidende Rolle spielen: Erstens, der immer wieder beklagte, gleichwohl nach wie vor bestehende eklatante Mangel an Einrichtungen zur Kinderbetreuung. Wobei die Unterversorgung mit Betreuungsmöglichkeiten für die unter Dreijährigen besonders zu Buche schlägt. Insgesamt ist ein erhebliches Gefälle zwischen Stadt und Land zu beobachten. Während Großstadteltern bei rechtzeitigem Bemühen durchaus Chancen haben, sieht es in vielen kleinen Städten und Gemeinden düster aus. Nicht selten ist schlicht nichts vorhanden, worauf berufstätige Eltern zurückgreifen könnten.

Der zweite wesentliche Punkt ist eine noch immer weit verbreitete konservative Einstellung. Zumindest was die alten Bundesländer betrifft, so galt (und gilt vielfach bis heute) die häusliche Erziehung als die beste, ja im Grunde einzig denkbare. Eine Ansicht, die dazu führte (und führt) daß junge Mütter ihre hochfliegenden beruflichen Pläne, ihr leidenschaftliches Engagement für Aufgaben, die sie sich gestellt haben, von heute auf morgen ad acta legen, um fortan hauptsächlich ihr Kind zu wiegen. Eine Ansicht, die dazu führte (und führt), daß sich unsere Gesellschaft eines riesigen Heeres unbezahlter Hilfslehrerinnen bedienen kann, die Nachmittag für Nachmittag die Hausaufgaben überwachen, Diktate üben, Vokabeln abhören und so weiter.

Was die Kindergärten betrifft, so hat hier in jüngerer Zeit ein Umdenken stattgefunden. Der Kindergarten ist inzwischen als familienergänzendes Erziehungsinstrument weitgehend anerkannt, wird mittlerweile sogar für unerläßlich gehalten – was sich beispielsweise auch in der Forderung relevanter politischer und gesellschaftspolitischer Kreise nach einer gesetzlichen Verankerung des Rechtes auf einen Kindergartenplatz für jedes Kind niederschlägt. Doch die Krippe etwa – für die unter Dreijährigen – oder auch der Schulhort – für die Sechs- bis Dreizehnjährigen – genießen noch keineswegs die diesen Institutionen zustehende Würdigung. Ihnen haftet nach wie vor der Geruch des Notbehelfs, des Armseligen an – obwohl sich beide Institutionen längst durch grundsätzliche Strukturveränderungen zu interessanten familienergänzenden Einrichtungen gemausert haben. Das große Manko: Es gibt viel zu wenig davon, weil in einem Klima wie dem hier beschriebenen der Druck der Betroffenen auf die Länder und Gemeinden fehlt, eine ausreichende Anzahl von Plätzen zur Verfügung zu stellen (Vom politischen Willen vieler Verantwortlicher ganz zu schweigen).

Eine eigentümliche Entwicklung ist nach wie vor zu beobachten. Einerseits gehören die Debatten um die rechtliche Gleichstellung der Frau der Vergangenheit an. Aus weitgehend rechtlosen Wesen wurden längst gleichberechtigte Individuen. Frauen wurden privat und beruflich zu kompetenten Ansprech- und Gesprächspartnern, die die ihnen angetragenen oder von ihnen ausgewählten Aufgaben genauso qualifiziert wahrnehmen wie ihre männlichen Kollegen. Doch sind zwei (eng miteinander verknüpfte) Bereiche nach wie vor von der Gleichstellung ausgenommen: Es fehlt die Gleichbehandlung auf dem Arbeitsmarkt; nach wie vor werden Männer beruflich stärker gefördert und besser bezahlt. Und: es fehlt die Gleichbehandlung in Sachen Kindererziehung. Ohne Ansehen der grundsätzlichen gesellschaftlichen Veränderungen – gerade auch im Hinblick auf das Verhältnis von Mann und Frau, gerade auch im Hinblick auf die beruflichen Qualifikationen der Frauen – macht man nach wie vor das Kind zur mehr oder minder ausschließlichen Sache der Frau. Um – zynisch genug – dies wiederum als Begründung dafür anzugeben, daß es

sich im Grunde nicht lohne, allzuviel in Frauen zu investieren, da sie wegen ihrer Kinder ohnehin nicht uneingeschränkt dem Arbeitsmarkt zur Verfügung stünden.
Der dritte wesentliche Punkt, warum die Gleichberechtigung in bezug auf die Kindererziehung nach wie vor nicht richtig funktioniert: Viele Männer beharren noch konsequenter auf der überkommenen strikten Aufgabenverteilung als die Frauen. Zwar nicht grundsätzlich, denn solange das Paar kein Kind hat, ist der Mann durchaus bereit, im gemeinsamen Haushalt mit anzupacken, in Erinnerung an sein Singledasein gewissermaßen. Doch sobald ein Kind da ist, fällt er – laut einschlägiger Umfragen – nur allzu gern in die alte Rolle des Vaters zurück, dem es genügt, nach Feierabend einen gerührten Blick auf den schlafenden Säugling zu werfen. Der Gerechtigkeit halber sei hier vermerkt, daß Frauen ebenfalls keineswegs immer frei sind von „alten" Verhaltensweisen. Indem sie das Kind tatsächlich als ihre ureigene Sache begreifen und den Mann, bewußt oder auch unbewußt, von der Betreuung ausschließen. Vielleicht einfach dadurch, daß sie ihm nicht zutrauen, „richtig" mit dem Kind umzugehen.

■ Das eigene Konzept ist gefragt

Die drei wichtigsten Gründe liegen also auf dem Tisch. Sie haben letztlich samt und sonders mit dem beschriebenen „Klima" zu tun. Also mit uns selbst. Denn wir sind es, die das Klima (weitgehend) bestimmen. Das ist zunächst vielleicht einigermaßen erschreckend – aber auch tröstlich, herausfordernd. Denn das bedeutet (auch): ein gesellschaftliches Klima kann man verändern.
Jedes Paar, das sich vornimmt, sein Kind partnerschaftlich zu erziehen, eine Situation herzustellen, in der sich alle drei optimal entwickeln können – parallel zueinander, und keiner auf Kosten des anderen –, trägt zur Veränderung des Klimas bei. Das veränderte Klima aber bereitet den Boden für Verhältnisse, in denen – wie überall sonst in vergleichbaren Ländern – berufstätige Eltern schließlich vollkommen selbstverständlich sind. Und in denen es nicht mehr vorkommt, daß man von einem Mann, der sich mit seiner Frau Beruf und Kindererziehung teilt, als „verrücktem Träumer" spricht, während sie als „unverbesserliche Karrierefrau" bezeichnet wird.
Genau *dies*, diese unterschiedliche Bewertung von Mann und Frau, die jeglicher Bemühung um Gleichberechtigung zuwiderläuft, muß vom

Tisch. Dafür sind Initiativen in zwei Richtungen notwendig. Einerseits muß der Druck auf die Verantwortlichen verstärkt werden, endlich Kindereinrichtungen in ausreichender Zahl zur Verfügung zu stellen. Und andererseits geht es um die Denkweise jedes einzelnen. Jedes (Eltern-) Paar muß in aller Offenheit seine Position bestimmen. Und wer es mit der Partnerschaftlichkeit ernst meint, wird Konsequenzen ziehen, möglicherweise ganz neue Schwerpunkte setzen müssen.

Dies Buch gibt einen Überblick, welche zusätzlichen Rechte Berufstätige als Mütter und Väter haben, welche Möglichkeiten der Kinderbetreuung zur Verfügung stehen, wie man einen Krippen- oder Kindergartenplatz ergattert, was er kostet und wie man notfalls selbst einen Kindergarten gründet. Gleichzeitig soll das Buch Hilfestellung leisten, wenn es darum geht, Beruf und Familienleben so auszubalancieren, daß beides möglichst wenig als Quelle von Streß, sondern als Bereicherung und Steigerung der Lebensfreude empfunden wird.

1. Kapitel

Was Sie schon vor der Geburt wissen müssen

Mutterschutz, Erziehungsgeld, Erziehungsurlaub

Wer berufstätig ist und ein Kind bekommt, hat von Rechts wegen Anspruch auf gewisse Vergünstigungen. Die entsprechenden Regelungen genau zu kennen ist schon deswegen vorteilhaft, weil sie wichtige Entscheidungshilfen sein können bei der Lösung der Frage: Wer übernimmt die Betreuung des Babys und wie gestalten wir unsere Zukunft zu dritt? Oder bei Frauen, die ihr Kind ohne Vater großziehen wollen: Wie soll das in Zukunft alles zu bewältigen sein – finanziell und organisatorisch?

■ Der Mutterschutz: Wie lange gilt er? Wer hat Anspruch?

Von der sechsten Woche vor der Geburt bis zur achten Woche nach der Geburt (bei Früh- oder Mehrlingsgeburten bis zur zwölften) gilt das Gesetz zum Schutz der erwerbstätigen Mutter, kurz Mutterschutzgesetz genannt. In dieser Zeit darf eine Frau nicht beschäftigt werden. Ausnahme: die sechs Wochen vor der Geburt. Wird es von der Frau ausdrücklich gewünscht, darf sie weiter ihrer beruflichen Arbeit nachgehen. Nach der Entbindung allerdings besteht absolutes Beschäftigungsverbot.

□ *Das Mutterschutzgesetz gilt für alle Frauen*, die in einem Arbeitsverhältnis stehen; auch für Teilzeitbeschäftigte und für Frauen, die eine berufliche Ausbildung absolvieren. Weder Staatsangehörigkeit noch Familienstand spielen eine Rolle. Entscheidend ist, daß die Frau ihren Arbeitsplatz in Deutschland hat.
Nicht unter den Mutterschutz fallen Frauen, die sich selbständig gemacht haben (die also nicht in einem Arbeitsverhältnis stehen), und Frauen, die keiner Erwerbstätigkeit nachgehen. Für Beamtinnen gelten besondere Regelungen.
□ *Das Mutterschutzgesetz schützt vor Kündigung.* Während der Schwangerschaft und in den ersten vier Monaten nach der Entbindung ist eine Kündigung durch den Arbeitgeber ungültig. Das setzt natürlich voraus, daß dem Arbeitgeber die Schwangerschaft bekannt ist – oder ihm innerhalb von zwei Wochen nach Zugang der Kündigung mitgeteilt wird. (Durch das Bundeserziehungsgeldgesetz wurde der Kündigungsschutz auf die Zeit des Erziehungsurlaubs ausgeweitet, siehe Seite 23.) Umge-

kehrt kann sich jede Mutter frei entscheiden, ob sie nach der Geburt ihre Beschäftigung aufgeben will oder nicht. Sie kann den Arbeitsvertrag während der Schwangerschaft und während der Schutzfrist nach der Geburt ohne Einhaltung einer besonderen Kündigungsfrist zum Ende der Schutzfrist kündigen.

□ *Das Mutterschutzgesetz legt während der Schwangerschaft fest, welche Arbeiten verboten sind.* Demnach darf eine Frau, die ein Kind erwartet, weder zu schweren körperlichen Arbeiten herangezogen noch mit Tätigkeiten beschäftigt werden, bei denen sie gesundheitsgefährdenden Stoffen, Strahlen, Staub, Gasen, Dämpfen, Hitze, Kälte, Nässe, Erschütterungen oder großem Lärm ausgesetzt wäre. Verboten sind alle Tätigkeiten im Akkord und am Fließband mit vorgegebenem Arbeitstempo. Ab dem fünften Schwangerschaftsmonat sind Arbeiten untersagt, die mehr als vier Stunden täglich ständiges Stehen verlangen.

□ *Das Mutterschutzgesetz garantiert ein Mutterschaftsgeld,* und zwar allen Frauen, die in der gesetzlichen Krankenversicherung versichert sind. Die Krankenkasse zahlt dieses Mutterschaftsgeld für die Dauer der Schutzfrist vor und nach der Entbindung. Für Frauen, die in einem Arbeitsverhältnis stehen, entspricht das Mutterschaftsgeld (einschließlich einer eventuellen Arbeitgeberbeteiligung) in etwa ihren durchschnittlichen Nettobezügen. Frauen, die bei Beginn der Schutzfrist nicht abhängig beschäftigt sind, jedoch bei einer Pflichtkrankenkasse oder Ersatzkasse mit Anspruch auf Krankengeld versichert sind – Selbständige zum Beispiel –, erhalten ein Mutterschaftsgeld in Höhe des Krankengeldes. Für arbeitslose Frauen mit Anspruch auf Arbeitslosengeld, Arbeitslosenhilfe oder Unterhalt nach dem Arbeitsförderungsgesetz entspricht das Mutterschaftsgeld eben diesen Beträgen.

■ Das Erziehungsgeld: Wie hoch ist es? Wie lange wird gezahlt? Wo wird es beantragt?

Während der ersten sechs Lebensmonate des Kindes beträgt das Erziehungsgeld für jedes Kind 600 Mark. Bei Zwillingen verdoppelt sich also der Betrag. In diesem ersten halben Jahr wird unabhängig vom Einkommen der Eltern gezahlt. Vom siebten Lebensmonat des Kindes an gelten bestimmte Einkommensgrenzen. (Um das Jahresnettoeinkommen gegenüber der Erziehungsgeldstelle zu belegen, genügt es, die Berechtigung aus dem Einkommenssteuerbescheid oder den Bescheid über den Lohnsteuerjahresausgleich dem Antrag beizufügen).

□ *Das volle Erziehungsgeld* wird weiter gewährt, wenn das Jahresnettoeinkommen von Verheirateten 29 400 Mark nicht übersteigt. Bei Alleinerziehenden ist die Grenzsumme 23 700 Mark.

□ *Ein kontinuierlich vermindertes Erziehungsgeld* wird bis zu einem Jahresnettoeinkommen von 46 200 Mark (bei Verheirateten) und von 40 500 Mark (bei Alleinerziehenden) gezahlt.

Bei jedem weiteren Kind erhöhen sich die Grenzbeträge. (Zum Erziehungsgeld siehe auch die Tabelle auf Seite 22.)

□ *Wie lange wird Erziehungsgeld gezahlt?* Für Kinder, die bis zum 31. Dezember 1992 geboren werden, wird maximal 18 Monate lang Erziehungsgeld gezahlt. Für Kinder, die ab 1. Januar 1993 geboren werden, besteht Anspruch auf maximal 24 Monate Erziehungsgeld. (Den Zeitraum, über den Anspruch auf das Erziehungsgeld besteht, darf man nicht verwechseln mit dem Erziehungsurlaub, siehe Seite 23).

□ *Das Beantragen der Erziehungsgeldes* ist in den 16 Bundesländern unterschiedlich geregelt. Die einschlägigen Adressen:

Baden-Württemberg
Die Landeskreditbank in
7500 Karlsruhe 1,
Schloßplatz 10/12
Tel. 07 21/150 10 51

Bayern
Die Familienkassen bei den Versorgungsämtern in

Schwaben
8900 Augsburg,
Morellstr. 30
Tel. 08 21/570 91

Oberfranken
8580 Bayreuth 1,
Hegelstr. 2
Tel. 09 21/60 51

Mittelfranken
8500 Nürnberg 81,
Bärenschanzstr. 8a
Tel. 09 11/27 41

Unterfranken
8700 Würzburg 1,
Georg-Eydel-Str. 13
Tel. 09 31/410 70

Oberbayern
8000 München 19,
Richelstr. 17
Tel. 089/130 11
(Versorgungsamt München I, Buchstaben A – H)
8000 München 2,
Bayerstr. 32
Tel. 089/514 31
(Versorgungsamt München II, Buchstaben I – Z)

Niederbayern
8300 Landshut,
Friedhofstr. 7
Tel. 08 71/82 90

Oberpfalz
8400 Regensburg 1,
Landshuter Str. 55
Tel. 09 41/78 51

Bremen
Das Amt für soziale Dienste in Bremen und das Jugendamt in Bremerhaven

Berlin
Die Bezirksämter (Jugendamt)

Brandenburg
Die Jugendämter der kreisfreien Städte und Landkreise

Hamburg
Die Bezirksämter (Einwohnermeldeamt)

Hessen
Die Versorgungsämter in

6100 Darmstadt,
Bartingstr. 53
Tel. 061 51/738–0
mit Außenstelle Bensheim:

6140 Bensheim,
Darmstädter Str. 52
Tel. 062 51/380 71

6000 Frankfurt/Main,
Hanauer
Landstr. 126–128
Tel. 069/40 58 09–0

6400 Fulda,
Marquardtstr. 23
Tel. 06 61/62 07–0

6300 Gießen,
Südanlage 14a
Tel. 06 41/79 36–0
mit Außenstelle Marburg:

3500 Marburg,
Robert-Koch-Str. 17
Tel. 064 21/28–1

3500 Kassel,
Frankfurter Str. 84a
Tel. 05 61/206–0

6200 Wiesbaden,
John-F.-Kennedy-Str. 4
Tel. 06 11/71 57–0

Mecklenburg-Vorpommern
Die Familienkassen bei den Versorgungsämtern in

O-2750 Schwerin,
Werderstr. 124
Tel. 774 75

O-2300 Stralsund,
Heinrich-Mann-Straße

O-2500 Rostock, Wallstr. 2
Tel. 37 83 95 – 37 82 02

O-2000 Neubrandenburg,
Leninstr. 120
Tel. 680 14 71

Niedersachsen
Die kreisfreien Städte, Landkreise sowie kreisangehörige Gemeinden

Nordrhein-Westfalen
Die Versorgungsämter in

5100 Aachen,
Schenkendorfstr. 2–6
Tel. 02 41/510 70

4800 Bielefeld 1,
Stapenhorststr. 62
Tel. 05 21/59 91

4600 Dortmund 1,
Lindemannstr. 78
Tel. 02 31/108 51

4000 Düsseldorf 30,
Vogelsanger Weg 80
Tel. 02 11/458 41

100 Duisburg 1,
Ludgeristr. 12
Tel. 02 03/30 91

4300 Essen,
Kurfürstenstr. 33
Tel. 02 01/220 61

4650 Gelsenkirchen,
Vattmannstr. 2–8
Tel. 02 09/16 31

5000 Köln 60 (Riehl),
Boltensternstr. 10
Tel. 02 21/778 31

4400 Münster,
Von-Steuben-Str. 10
Tel. 02 51/49 11

4770 Soest,
Heinsbergplatz 13
Tel. 029 21/10 71

5600 Wuppertal,
Friedrich-Engels-Allee 76
Tel. 02 02/8 98 10

Rheinland-Pfalz
Die Jugendämter der kreisfreien Städte und Landkreise

Saarland
Das Versorgungsamt Saarland
6600 Saarbrücken,
Hochstr. 67
Tel. 06 81/79 34–0

Sachsen
Die Familienkassen der Ämter für Familie und Soziales in

O-9001 Chemnitz,
Rößlerstr. 9
Tel. 59 00

O-7010 Leipzig,
Windmühlenstr. 22–26
Tel. 792 60

O-8010 Dresden,
Lingnerallee 2
Tel. 487 53 30

Sachsen-Anhalt
Die Ämter für Versorgung und Soziales in

O-3010 Magdeburg,
Erziehungsgeldstelle,
Humboldtstraße
Tel. 422 46

O-4020 Halle,
Maxim-Gorki-Str. 5–7
Tel. 883 36 72

Schleswig-Holstein
Die Versorgungsämter in

2400 Lübeck,
Große Burgstr. 4
Tel. 04 51/14 61

2240 Heide,
Neue Anlage 9
Tel. 04 81/69 60

2380 Schleswig,
Seminarweg
Tel. 046 21/80 60

2300 Kiel,
Gartenstr. 7
Tel. 04 31/59 91

Thüringen
Die Ämter für Soziales und Familie in

O-6000 Suhl,
Karl-Liebknecht-Str. 4
Tel. 53 00

O-5084 Erfurt,
Blumenthal-Kaserne,
Jenaer Str. 37
Tel. 310 34

O-6500 Gera,
Schloßstr. 11
Tel. 68–0

Einkommensgrenzen beim Erziehungsgeld ab dem siebten Lebensmonat (Jahresnettoeinkommen)

	Anzahl der Kinder	Volles Erziehungsgeld bis	Gemindertes Erziehungsgeld bis
Ehepaar Alleinerziehende	1	29 400 Mark 23 700 Mark	46 200 Mark 40 500 Mark
Ehepaar Alleinerziehende	2	33 600 Mark 27 900 Mark	50 400 Mark 44 700 Mark
Ehepaar Alleinerziehende	3	37 800 Mark 32 100 Mark	54 600 Mark 48 900 Mark
Ehepaar Alleinerziehende	4	42 000 Mark 36 300 Mark	58 800 Mark 53 100 Mark

■ Der Erziehungsurlaub: Wie lang ist er? Wer hat Anspruch?

Erziehungsurlaub steht Müttern und Vätern zu, die sich in einem wie auch immer gearteten Arbeitsverhältnis befinden; also bei unbefristeten wie befristeten Arbeitsverträgen, bei Vollzeit- wie Teilzeitarbeit, bei Heimarbeit wie bei geringfügigen Beschäftigungen (bis 480 Mark in den alten und 220 Mark in den neuen Bundesländern monatlich).
Der Erziehungsurlaub gilt für Mutter *oder* Vater. Voraussetzung ist, daß der Ehemann/die Ehefrau des Elternteils, das den Erziehungsurlaub in Anspruch nehmen möchte, seinerseits/ihrerseits berufstätig ist oder sich in einer Ausbildung befindet. Ist der Ehemann/die Ehefrau arbeitslos, so bleibt der Anspruch des anderen Elternteils auf Erziehungsurlaub bestehen. Der Gesetzgeber behandelt in diesem Fall die berufstätigen und die arbeitslosen Ehepartner gleich, weil er davon ausgeht, daß der/die Arbeitslose jederzeit kurzfristig wieder ins Berufsleben zurückkehren könnte.

□ *Wie lang ist der Erziehungsurlaub?* Für Kinder, die nach dem 1. Januar 1992 geboren sind, kann ein Erziehungsurlaub von bis zu *drei Jahren* genommen werden. Für Kinder, die vor diesem Stichtag auf die Welt kamen, gab es einen Erziehungsurlaub von maximal *18 Monaten*. Der Erziehungsurlaub muß mindestens vier Wochen, bevor er in Anspruch genommen werden soll, beim Arbeitgeber angemeldet werden. Gleichzeitig muß erklärt werden, wie lange der Erziehungsurlaub dauern soll. In Paragraph 15, Absatz 1 des Gesetzes über die Gewährung von Erziehungsgeld und Erziehungsurlaub steht u. a.: „Arbeitnehmer haben Anspruch auf Erziehungsurlaub, wenn sie Anspruch auf Erziehungsgeld haben oder nur deshalb nicht haben, weil … das Einkommen … die Einkommensgrenze … übersteigt." Dieser Passus berechtigt den Arbeitgeber, sich den Anspruch auf Erziehungsgeld nachweisen zu lassen, ehe er seine Zustimmung zum Erziehungsurlaub erteilt. Es empfiehlt sich deshalb, mit der Urlaubsanmeldung den (positiven) Bescheid der Erziehungsgeldstelle vorzulegen.
□ Während des Erziehungsurlaubs kann der Arbeitgeber *grundsätzlich keine Kündigung* aussprechen. Für den Vater oder die Mutter, die den Erziehungsurlaub in Anspruch nimmt, gilt also der gleiche Kündigungsschutz wie für Mütter während der Schwangerschaft und der Mutterschutzfrist. Der Kündigungsschutz beginnt mit der Anmeldung des Erziehungsurlaubs, frühestens aber sechs Wochen vor dessen Beginn.

□ Während des Erziehungsurlaubs ist übrigens eine *Teilzeitbeschäftigung* mit bis zu 19 Wochenstunden möglich. Und zwar entweder beim bisherigen Arbeitgeber oder – wenn dieser nicht ablehnt – auch bei einem anderen Arbeitgeber. Eine Teilzeitbeschäftigung während des Erziehungsurlaubs ist sicher eine gute Möglichkeit, sowohl die „Familienkasse" aufzubessern als auch weiterhin beruflich Kontakt zu halten. Über die Auswirkungen einer Teilzeitbeschäftigung während des Erziehungsurlaubs auf das Erziehungsgeld ab dem siebten Monat sollte man sich beraten lassen.
□ Seit Jahresbeginn 1992 können sich die Eltern beim Erziehungsurlaub *bis zu dreimal abwechseln.* Es ist also zum Beispiel möglich, daß die Mutter im ersten und dritten Lebensjahr des Kindes den Erziehungsurlaub nimmt und der Vater während des zweiten Lebensjahres zu Hause bleibt. Diese neue Regelung soll es vor allem den Vätern leichter machen, sich – zumindest eine Zeitlang – für die Erziehung und Betreuung ihres Kindes zu entscheiden.

Zum Schluß noch ein Hinweis: Durch das Rentenreformgesetz 1992 werden für Kinder, die nach dem 31. Dezember 1991 geboren wurden, drei Jahre als Versicherungszeit auf dem Rentenkonto gutgeschrieben. Diese drei „Babyjahre" können sogar nach Belieben aufgeteilt werden – also beispielsweise für die Mutter zwölf Monate und 24 Monate für den Vater. Bei den Rentenanstalten und ihren Außenstellen können sich Eltern darüber informieren, welche Möglichkeit für sie am günstigsten ist. Diese (rentensteigernden) Erziehungszeiten sollten aber nicht mit dem Erziehungsurlaub verwechselt werden.

Drei Punkte, die unbedingt bedacht werden müssen

Das Angebot des Gesetzgebers ist klar: Bis zu drei Jahre können Mutter oder Vater sich ihrem Kind widmen; der Anspruch auf den alten (zumindest einen gleichwertigen) Arbeitsplatz bleibt bestehen. Nun gibt es verschiedene Möglichkeiten, auf das Angebot „Erziehungsurlaub" zu reagieren. Welche Wahl getroffen wird, sollte jedes Paar sehr gründlich überlegen, denn die Entscheidung wird in jedem Fall einschneidende Folgen für den jeweiligen Partner, aber auch für die Zukunft der ganzen Familie haben. Besonders zu berücksichtigen sind bei allen Überlegungen jeweils drei Punkte:

- ☐ *Die finanzielle Situation und absehbare Änderungen unter den neuen Verhältnissen,*
- ☐ *der Stellenwert, den beide Partner ihrem Beruf zuschreiben,*
- ☐ *und der Zeitpunkt der Geburt im Hinblick auf die Situation der Partner in Beruf oder Ausbildung.*

Alle sich daraus ergebenden Vor- und Nachteile sollten offen und sachlich durchdiskutiert und – wo nötig – auch durchgerechnet werden. Hilfreich dabei sind Checklisten, die jeder für sich aufstellt und dann mit dem Partner durchgeht.

■ Die finanzielle Situation: Wird das Geld reichen?

Mutter oder Vater, die sich im Erziehungsurlaub befinden, erhalten in den ersten sechs Lebensmonaten des Kindes pro Monat 600 Mark, später weniger oder auch gar nichts – falls das Jahresnettoeinkommen des berufstätigen Partners die gesetzliche Bemessungsgrenze übersteigt. Das Erziehungsgeld ist also nicht mehr und nicht weniger als ein willkommener Zuschuß, eine ernsthafte Aufstockung des Einkommens bedeutet es nicht. Das wiederum heißt: Das Elternpaar wird prüfen müssen, ob die Rechnung aufgeht. Bislang verdienten zwei für zwei (oder jeder für sich). Geht einer von beiden in Erziehungsurlaub, muß der andere für drei verdienen. Die Frage, die sich beide stellen müssen: Gesetzt den Fall, ein Verdienst reicht tatsächlich – aber nur seiner. Ihrer reicht nicht, weil sie

erheblich weniger verdient. Nehmen wir weiter an, es bestünde zwischen beiden ein grundsätzliches Einvernehmen darüber, daß das Kind von einem der Eltern betreut werden soll, so ist hier die Frage verhältnismäßig rasch gelöst: Die Frau wird den Erziehungsurlaub nutzen – schon allein deshalb, weil es „unvernünftig" oder gar nicht machbar wäre, auf das größere Familieneinkommen zu verzichten. Eine im konkreten Einzelfall völlig logische Lösung; doch sollte die Mutter dabei ruhig im Hinterkopf behalten, daß es eben diese „logische Lösung" ist, die die Benachteiligung der Frauen schier bis ins Unendliche fortsetzt. Denn – allgemein betrachtet – verdienen die Frauen ja vor allem deshalb weniger, weil sie ihre berufliche Laufbahn so häufig des Kindes wegen unterbrechen (wenn nicht gar abbrechen). Und indem sie es immer von neuem tun, verlängern sie ihre Benachteiligung – anstatt ihr entgegenzuwirken, was ja ihr eigentliches Interesse sein müßte (und häufig auch ist!). Es dürfte (noch) recht selten sein, daß die Frau das höhere Einkommen hat. In diesem Fall müßten sich die Ehepartner also überlegen, ob sie sich etwa mit einem (befristeten) „Rollentausch" anfreunden können.
(Noch) komplizierter liegt der Fall, wenn Mutter und Vater etwa gleichviel verdienen und eine gleichwertige Qualifikation beiden gute Berufsperspektiven eröffnet. In einem solchen Fall gewinnen wohl die Möglichkeiten der Teilzeitbeschäftigung und der Abwechslung beim Erziehungsurlaub an besonderer Bedeutung.

■ Der Stellenwert des Berufs: Wem ist er wichtiger?

Sich in aller Ernsthaftigkeit auch mit diesem Punkt auseinanderzusetzen ist bei den Überlegungen, ob Erziehungsurlaub genommen werden soll und, wenn ja, wer ihn nimmt, unerläßlich. Sollte tatsächlich einem von beiden der Beruf eindeutig weniger Zufriedenheit bereiten (bei gleicher Qualifikation, wie gesagt), so wird das die Entscheidung natürlich erleichtern. Dabei ist allerdings zu bedenken, daß Frauen und Männer bis heute ihren Beruf (in der Regel) unterschiedlich bewerten. So ist es grundfalsch, von Berufstätigen schlechthin auszugehen (wie etwa die Münchner Professorin für Sozialpsychologie Elisabeth Beck-Gernsheim in ihrem Buch „Das halbierte Leben. Männerwelt Beruf. Frauenwelt Familie", Frankfurt 1980 schlüssig darlegt). Tatsache ist vielmehr, daß Männer ihre Berufstätigkeit als völlig selbstverständlich ansehen – ob sie nun Kinder haben oder nicht. Frauen dagegen sehen sich bis heute genötigt, vielerlei Erklärungen und Entschuldigungen abzuliefern, wenn

sie trotz Kind weiter ihren Beruf ausüben. Erstaunlicherweise wird das sofort anders, wenn Frauen ihre Kinder alleine erziehen und/oder Geld verdienen müssen, um die Existenz der Familie zu gewährleisten.
Aus dieser gesellschaftlich und psychologisch schwächeren Position heraus sind Frauen eher als Männer geneigt, aus beruflichen Erfolgen bezogene Befriedigung herunterzuspielen – und letztlich dem Mann das Terrain zu überlassen. Allerdings häufig nur halbherzig und mit sich selbst uneins – wie die vielen leisen und lauten Klagen ehemals berufstätiger und nun auf Baby und Haushalt verwiesener Frauen beweisen.

■ Der Zeitpunkt der Geburt: Wem paßt er besser ins Konzept?

Zu sondieren ist, an welcher Stelle der beruflichen Entwicklung er und sie gerade stehen, wenn das Kind auf die Welt kommt. Ein vorläufiger Ausstieg aus dem Beruf kann ja (fast) nichts oder (fast) alles bedeuten. Bestimmte Qualifizierungsmaßnahmen, Praktika, Examen, in denen er oder sie gerade stecken, ein eben erst vollzogener Start, ein Wechsel, eine Geschäftseröffnung, die Schlußphase einer bestimmten Arbeit – all dies muß auf den Tisch, um möglichst leidenschaftslos in den Entscheidungsprozeß einbezogen zu werden. Herauszufinden ist, wessen Laufbahn eine Unterbrechung zu diesem Zeitpunkt abträglicher wäre, und umgekehrt: wer von beiden weniger Einbußen und Rückschläge in Kauf zu nehmen hätte.

Vier Möglichkeiten, den Erziehungsurlaub zu nutzen

Neben harten Fakten wie Einkommen und Karriere dürfen auch psychologische Momente nicht übersehen werden, wenn es um die Frage geht: Wer nimmt den Erziehungsurlaub? In beiden Fällen sollten Vor- und Nachteile vorbehaltlos aufgelistet, bedacht und diskutiert werden.

■ 1. Möglichkeit: Die Mutter bleibt zu Hause

□ *Vorteil: Die Mutter kann sich uneingeschränkt ihrem Kind widmen*, kann es in seiner Entwicklung beobachten, begleiten, fördern. Das ist eine gute Basis für ein inniges, intensives Mutter-Kind-Verhältnis.

□ *Vorteil: Die Mutter befindet sich im Einklang mit der Gesellschaft*, denn in 96 Prozent aller Fälle ist sie es, die den Erziehungsurlaub in Anspruch nimmt. Nach wie vor wird offensichtlich als selbstverständlich vorausgesetzt, daß die Mutter für die Betreuung des Kindes ihre berufliche Laufbahn unterbricht – und nicht der Vater. „Alle" sehen das so, die eigene Familie, die Kollegen, die Vorgesetzten. Ihr Handeln wird somit von außen unterstützt. Ihre Vorgesetzten gehen davon aus, daß sie Erziehungsurlaub anmeldet.

□ *Vorteil: Mehr Geld*. Für den Fall, daß die Mutter weniger verdient als der Vater des Kindes, ist es „vernünftig", wenn sie in Erziehungsurlaub geht. Die Sache wird zum Rechenexempel: Bislang verdienten zwei für zwei (oder jeder für sich); ab jetzt muß einer für drei verdienen. Der Mehrverdienende kann die Familie besser absichern. (Eine Denk- und Entscheidungshilfe, die natürlich entfällt, wenn er und sie gleichviel verdienen und beide ähnlich gute Zukunftsperspektiven haben).

□ *Nachteil: Alles bleibt beim alten*. Frauen sind nach wie vor beruflich benachteiligt. Sie verdienen weniger, halten weniger Führungspositionen, haben also auch weniger Entscheidungsbefugnis. Die Hauptursache dafür: Frauen treten beruflich kürzer, wenn sie ein Kind bekommen. Sie tragen die Hauptlast der Kindererziehung. Solange sie das tun, solange bleibt auch ihre Benachteiligung. Wenn eine Frau also nach der Geburt ihres Kindes ganz selbstverständlich auch dessen Betreuung für die nächsten Jahre übernimmt, dann beteiligt sie sich – ob sie will oder nicht – an der Verlängerung des allenthalben so heftig beklagten Zustands.

☐ *Nachteil: Berufliche Einbußen.* Wer drei Jahre in Erziehungsurlaub geht, muß mit großer Sicherheit Karriereverzögerungen in Kauf nehmen. Das heißt: geringerer Verdienst und – perspektivisch gesehen – eine geringere Rente. Möglicherweise sind auch noch Schwierigkeiten hinzunehmen, wenn es nach der Babypause darum geht, beruflich wieder den Anschluß zu kriegen.

☐ *Nachteil: Finanzielle Abhängigkeit.* Von heute auf morgen nicht mehr über eigenes Geld zu verfügen, das kann erhebliche Frustration auslösen.

☐ *Nachteil: Ungleichgewicht in der Partnerschaft.* Bislang verlief beider Leben ähnlich. Beide verdienten Geld, kamen beruflich vorwärts – oder hatten Niederlagen hinzunehmen. Ihr Leben war mehr oder weniger nach außen orientiert – mit vielfältigen Kontakten zu Kolleginnen und Kollegen. Ab jetzt führen er und sie ein unterschiedliches Leben – eine Quelle für gegenseitiges Unverständnis, auch Neid. Sie beneidet ihn um die Anregungen, die sein Alltag ihm bietet, um die berufliche Kontinuität. Er beneidet sie um die Nähe und Innigkeit in ihrem Verhältnis zum Kind, um die Freiräume und Freiheiten: kein minutiös festgelegter Tagesablauf, kein Rapport beim Chef ...

■ 2. Möglichkeit: Der Vater bleibt zu Hause

☐ *Vorteil: Eine enge Vater-Kind-Beziehung.* Denn nun ist es der Vater, der, einfach aufgrund der Tatsache, daß er sich mehr um das Kind kümmert, die Chance hat, das Kind genauer zu beobachten, intensiver zu erleben, eine engere Beziehung zu ihm zu entwickeln.

☐ *Vorteil: Der Mann erlebt sich neu.* Für Männer ist es ja keineswegs selbstverständlich, in Erziehungsurlaub zu gehen. Der junge Vater schlüpft damit gleichsam in ein Rolle, die ihm fremd ist, die zu erproben aber eine außerordentliche Herausforderung bedeuten kann. Neuland zu betreten, unbekanntes Terrain zu erforschen – das kann Genugtuung bereiten, auf jeden Fall vergrößert es die Bandbreite der Erfahrungen. Sich gefühlsmäßig auf das Kind einzulassen, kann geradezu zum Abenteuer werden und Erlebnisse bescheren, die das ganze Leben nützlich sind.

☐ *Vorteil: Ein Zeichen wird gesetzt.* Männer, die zu ihrem Chef gehen und Erziehungsurlaub anmelden, dürfen sich als Vorreiter begreifen. Als Vorreiter einer Entwicklung, die zweifellos eben in diese Richtung weitergehen wird. Nicht, daß unversehens die Babybetreuung zur Männersache würde, aber es gibt doch deutliche Indizien dafür (Umfragen,

Untersuchungen), die belegen, daß sich immer mehr Männer mehr Zeit für Familie und Kinder wünschen. Im Zuge dessen werden auch immer mehr Männer den gesetzlichen Erziehungsurlaub nutzen wollen.

☐ *Nachteil: Berufliche Einbußen.* Wer eine Zeitlang aus dem Beruf aussteigt, hat mit großer Wahrscheinlichkeit bestimmte Nachteile hinzunehmen. Das können sein: fällige Beförderungen, die nun nicht stattfinden, das Verpassen von Qualifizierungsmaßnahmen, vielleicht auch die Mißbilligung der Vorgesetzten, die es am liebsten mit Leuten zu tun haben, denen der Beruf das ein und alles ist.

☐ *Nachteil: Außenseiter sein.* Die Außenseiterrolle, die wir eben noch unter „Vorteile" verbucht haben (siehe oben „Ein Zeichen wird gesetzt") hat leider auch ihre Nachteile. Es ist nicht ganz einfach, sich gegenüber Kollegen zu behaupten, die für die Entscheidung, den Erziehungsurlaub zu nutzen, nur Unverständnis, ja Hohn und Spott übrig haben. Es ist nicht jedermanns Sache, unentwegt Erklärungen abgeben zu müssen, warum man so und nicht anders entschieden hat.

☐ *Nachteil: Das Gefühl, isoliert zu sein.* Ein Gefühl, das der Mann mit der Frau teilt, die – als Berufstätige eben noch „mittendrin" – sich nun plötzlich abgeschnitten sieht. Es kann durchaus der Eingewöhnung bedürfen, sich nun in den eigenen vier Wänden einzurichten, wenn man bislang nach außen orientiert gelebt hat.

☐ *Nachteil: Die finanzielle Abhängigkeit.* Von der Partnerin als der Alleinverantwortlichen für das Familienbudget nun mitfinanziert werden zu müssen – ohne eigene Einnahmen – das kann bei einem nicht sehr selbstbewußten Partner erhebliches Unbehagen auslösen. (In der Regel mehr noch als bei einer Partnerin).

☐ *Nachteil: Möglicherweise schrumpft das Familieneinkommen* um mehr als die Hälfte, wenn die Frau weniger verdient als der Mann.

■ 3. Möglichkeit: Mutter und Vater teilen sich den Erziehungsurlaub

☐ *Vorteil: Chancengleichheit auf beruflichem Gebiet.* Keiner profiliert sich auf Kosten des anderen. Keiner neidet dem anderen Anregungen, die ihm sein Beruf einbringt – schließlich läuft die Sache demnächst umgekehrt!

☐ *Vorteil: Man versteht sich besser*, kann sich besser gegenseitig trösten, unterstützen, wenn der Frust ob des täglichen Einerleis (Windeln, Füttern, Schlafenlegen, Spielen) gelegentlich als allzu belastend empfunden wird.

□ *Vorteil: Parität in der gegenseitigen Wertschätzung.* Bis heute wird Familienarbeit häufig geringer eingeschätzt als berufliche Tätigkeiten, speziell die Arbeit an und mit Kleinst- und Kleinkindern. (Weshalb sich vor gar nicht so langer Zeit ja auch viele Männer strikt weigerten, den Säugling ernst zu nehmen, sich mit ihm zu befassen – das war unter ihrer Würde). Diese Haltung kann man heute gelegentlich immer noch beobachten. Wenn nun aber eine Zeitlang der Mann und eine Zeitlang die Frau den Säugling versorgen – samt Saubermachen, Einkaufen, Kochen –, so ist damit jeglicher latenten Geringschätzung der Boden entzogen.
□ *Vorteil: Chancengleichheit auch dem Kind gegenüber.* Mutter und Vater befassen sich gleich lange mit ihrem Kind. Das bedeutet zwar nicht automatisch, daß nun auch die Beziehung zum Kind gleich innig, gleich gut sein muß. Aber immerhin ist der Boden bereitet für ausbalancierte Verhältnisse.
□ *Nachteile: Berufliche Einbußen.* Beide Partner müssen unter Umständen berufliche Rückschläge in Kauf nehmen – immerhin abgepuffert durch das geteilte Risiko. Die Sache ist also, im wörtlichen Sinn, halb so schlimm – und könnte deshalb gut und gern auch unter „Vorteile" verbucht werden.

■ 4. Möglichkeit: Auf Erziehungsurlaub wird verzichtet

Zwanzig Prozent der Eltern verzichten auf den Erziehungsurlaub. Vor allem aus diesen drei Gründen:
1. Das Paar kann es sich finanziell nicht leisten; das Einkommen eines Verdieners reicht nicht aus.
2. Beide sind gewissermaßen mit ihrem Beruf verheiratet und verdienen außerdem genug, um sich eine ausreichende Betreuung für das Kind ins Haus zu holen. Die berufliche Laufbahn der Eltern bleibt damit vom Kind weitgehend unberührt. (Wo mit dem Pfennig gerechnet werden muß, sieht das natürlich anders aus.)
3. Beide haben sich in den Kopf gesetzt, Berufstätigkeit und Kind unter einen Hut zu bekommen. Ausreichend zu verdienen und genügend Zeit für ihr Kind zu haben – das halten sie keineswegs für einen unlösbaren Widerspruch. Sie sind – mit den Paaren, die sich den Erziehungsurlaub teilen – die experimentierfreudigen unter den Eltern. Ihr Verzicht auf Erziehungsurlaub kann finanzielle Gründe haben, muß aber nicht. (Zumal Konsumverzicht für sie häufig eine selbstverständliche Einstellung ist.)

Es kann damit zu tun haben, daß Karriereeinbußen vermieden werden sollen, häufig ist es aber gerade umgekehrt: daß nämlich gerade diese Eltern zugunsten eines gelungenen Familienlebens im Job nicht den größtmöglichen Ehrgeiz entfalten.

☐ *Vorteil: Berufliche Kontinuität.* Mutter und Vater bleiben weiter in ihrem Beruf, setzen die Ausbildung fort, verfolgen ihre langfristigen Pläne, wie etwa Stellenwechsel, Umschulung, Weiterbildung, Sich-selbständig-machen.
☐ *Vorteil: Kontinuität auch im Privaten.* Keiner von beiden muß sein Leben von heute auf morgen vollkommen umkrempeln. Es geht mehr oder weniger weiter wie bisher – bereichert (und/oder auch erschwert) durch das zusätzliche Familienmitglied.
☐ *Nachteil: Überforderung und Streß.* Wer knapp bei Kasse ist und eine volle Berufstätigkeit beider Eltern mit der Kinderbetreuung kombinieren muß – womöglich bei unflexiblen Arbeitszeiten –, gerät nur allzu leicht ins Schleudern. Es besteht die Gefahr, daß sich Eltern und Kind werktags nur unter sehr ungünstigen Bedingungen begegnen: die Eltern erschöpft von Broterwerb und Hetze, das Kind irritiert oder übellaunig von langen Aufenthalten in der Krippe, bei der Tagesmutter und/oder anderen Betreuungspersonen.
☐ *Nachteil: Karriereeinbußen.* Wer sich ausführlich seinem Kind widmet, zieht damit Zeit von seinen beruflichen Belangen ab. Das heißt: Eltern, die den Schwerpunkt verlagern – weg von der ausschließlichen oder hauptsächlichen Konzentration auf den Beruf und hin zur Beschäftigung mit ihrem Kind – nehmen damit automatisch gewisse Karriereeinbußen in Kauf. Berufliche Realität ist: Wer nicht für Überstunden, Sonderprogramme, Dienstreisen, spontane Konferenzen zur Verfügung steht, der kommt weniger rasch voran als der allzeit Verfügbare. Ein „Opfer", das aber von all jenen Eltern, die sich ganz bewußt so entschieden haben, leichten Herzens erbracht wird.

■ Der (gar nicht so) kleine Unterschied

Brigitte Lämmle, Diplom-Psychologin und Familientherapeutin in München: „Es ist keineswegs ein und dasselbe, ob die Frau oder der Mann den Erziehungsurlaub in Anspruch nimmt, denn dabei handelt es sich um mehr als einen bloßen Austausch von Funktionen. Die Sache ist komplizierter. Während sich die Frau quasi in vollem Einklang mit ihrer

Mitwelt befindet (wenn auch häufig von heftigen Selbstzweifeln geplagt, ob es denn auch richtig ist, gewissermaßen den erstbesten Weg, den Weg des geringsten Widerstandes einzuschlagen), so fällt der Mann aus der Rolle, begibt sich außerhalb der Norm. Über die Frau im Erziehungsurlaub verliert kein Mensch auch nur ein einziges Wort, so alltäglich, so selbstverständlich ist das. Am Mann im Erziehungsurlaub scheiden sich die Geister. Die einen schütteln den Kopf über den ‚Spinner' und machen ihre Witzchen. Die anderen finden ihn ‚ganz, ganz toll', erheben ihn zum Modell (das er in gewisser Weise ja auch ist). Und so wünscht sich denn die Frau im Erziehungsurlaub häufig etwas mehr Anerkennung, Aufwertung – und der Mann, genervt von den heftigen gegensätzlichen Reaktionen, etwas mehr Normalität. Die seelische Lage von Mann und Frau im Erziehungsurlaub ist also unterschiedlich. Mann und Frau machen (auch in diesem Punkt) unterschiedliche Erfahrungen, und diese Tatsache sollten beide – wenn sie sich so oder anders entscheiden – immer im Bewußtsein behalten."

Kontakt halten zu Kollegen und Vorgesetzten

Erziehungsurlaub steht hoch im Kurs, wie das Verhältnis 80 zu 20 Prozent deutlich belegt. Noch sind es vor allem die Frauen, die ihn wahrnehmen. Doch langsam, aber stetig erhöht sich auch die Zahl der Männer, die sich unter dem Motto „Erziehungsurlaub" einmal eine Zeitlang vorrangig ihrem Kind widmen wollen. Für alle gilt: Während des Erziehungsurlaubs sollte der Kontakt zur Firma, zum Arbeitsplatz nicht abreißen. Einige Möglichkeiten, Kontakt zu halten, sind:

☐ *Geburtsanzeigen verschicken.* An Kolleginnen und Kollegen, aber auch an Vorgesetzte. Ein paar Zeilen dazu schreiben, in denen man sich noch einmal für die gute Zusammenarbeit in der Vergangenheit bedankt, aber auch erwähnt, daß man sich auf eine erneute Zusammenarbeit in der Zukunft freut.

☐ *Regelmäßig anrufen.* Einmal pro Woche (oder doch alle vierzehn Tage) ausführlich mit einem Kollegen, einer Kollegin telefonieren. Sich den Klatsch erzählen lassen. Auch der gibt Auskunft über Atmosphäre, Trends, Ausstiege, Abstiege. Noch wichtiger: sich geplante Veränderungen mitteilen lassen. Das können Rationalisierungsmaßnahmen, organisatorische Umstrukturierungen, personelle Neuerungen sein.

☐ *Weiterbilden.* Sofern der eigene Arbeitsbereich von Veränderungen betroffen ist, nachhaken. Sollten Umschulungsmaßnahmen, Einführungskurse oder dergleichen damit verbunden sein, darauf hinzuwirken versuchen, daß man daran teilnehmen kann. In Firmen, die auf qualifizierte Mitarbeiter und Kontinuität Wert legen, ist das meist möglich.

☐ *Besuche machen.* Ab und zu die alten Kolleginnen und Kollegen am Arbeitsplatz besuchen. Dabei sollte man daran denken, wie störend unverhofft auftauchende Besucher sein können. Deshalb lieber vorher anrufen; und gegen Mittag kommen, um mit den Kollegen essen zu gehen, oder gegen Feierabend, um den Geburtstag eines Kollegen mitzufeiern.

☐ *Der Vertretung Hilfe anbieten.* Kontakt auch zu der Kollegin, dem Kollegen aufnehmen (oder intensivieren), der die Vertretung für die Dauer des Erziehungsurlaubes übernommen hat. Möglicherweise kann man ihm aus der eigenen Erfahrung Hinweise geben. Vielleicht sind ihm bestimmte Dinge aufgefallen, die für die eigene zukünftige Arbeit nützlich sein können. Wichtig: keinen Rivalen in ihm zu sehen, lieber locker und kollegial kooperieren.

☐ *Beim Vorgesetzten vorbeischauen.* Ruhig auch mal bei den Vorgesetzten zu einem informellen Gespräch anklopfen. Sie sollen wissen, daß man noch da ist, sich weiter für die Belange des Betriebs interessiert – und selbstverständlich nach Ende des Erziehungsurlaubs auf den alten Arbeitsplatz reflektiert.

☐ *Urlaubsvertretung machen.* Ganz besonders günstig ist es, zwischendurch gelegentlich für eine Urlaubsvertretung zur Verfügung zu stehen. Falls noch Erziehungsgeld bezogen wird, müßte das dann allerdings sorgfältig mit der Firmenbuchhaltung und der Erziehungsgeldstelle abgeklärt werden.

Ziel all dieser Aktivitäten ist es, auf dem laufenden zu bleiben, weiter „dazuzugehören", auch wenn man im Augenblick ein ganz anders Leben führt, andere Freuden und Sorgen hat. Der Aufwand lohnt sich, denn die Rückkehr an den alten Arbeitsplatz verläuft mit Sicherheit reibungsloser, wenn man nicht völlig aus dem Gesichtskreis der Kollegen und Vorgesetzten verschwunden ist. Man wird erwartet – unter Umständen sogar dringend!

2. Kapitel

So ist das Kind gut versorgt

Öffentliche Einrichtungen: begehrt, aber knapp

Kinderkrippen, Kindergärten, Schulhorte werden in der Regel von den Gemeinden, manchmal in Zusammenarbeit mit Verbänden und Kirchen, eingerichtet. Alle drei Betreuungsmöglichkeiten sind mittlerweile in vielen Fällen unverzichtbare Ergänzung zur häuslichen Erziehung. Denn immer mehr junge Mütter *wollen* – trotz Kind – in ihrem Beruf bleiben, und immer mehr junge Mütter *müssen* – trotz Kind – in ihrem Beruf bleiben, weil ein Verdiener allein die Familie nicht ernähren kann. Außerdem gibt es, wegen der nach wie vor steigenden Scheidungsziffern, immer mehr alleinerziehende Mütter und Väter, für die sich die Frage „ja oder nein" ohnehin nicht stellt – sie brauchen bei der Versorgung ihrer Kinder Hilfe von außen. Der Bedarf liegt also auf der Hand. Doch werden ihm die bereitstehenden Plätze noch in keiner Weise gerecht.
Am besten sieht es noch bei den *Kindergärten* aus: Für immerhin rund 80 Prozent der Kinder in der entsprechenden Altersgruppe steht ein Platz zur Verfügung. Allerdings: rund 500 000 Kindergartenplätze fehlen. Einen gehörigen Schub dürfen die betroffenen Eltern hoffentlich von dem Vorhaben des Bundesfrauenministeriums erwarten, noch im Jahre 1992 einen Gesetzesentwurf einzubringen, in dem der Rechtsanspruch eines jeden Kindes auf einen Kindergartenplatz festgeschrieben wird.
Sollte tatsächlich in absehbarer Zeit für jedes Kind ein Kindergartenplatz zur Verfügung stehen, so wäre damit bundesweit ein Zustand erreicht, der in den neuen Bundesländern bis 1989 Realität war. Inzwischen wurden in den neuen Bundesländern zwar Kindergärten geschlossen, insgesamt gesehen ist die Versorgung dort aber immer noch besser als in den alten Bundesländern. Was die *Kinderkrippen* betrifft, so ist die Situation (vor allem in den alten Bundesländern) bestürzend: Nur für 2,5 Prozent der Kinder der entsprechenden Altersgruppe steht ein Krippenplatz zur Verfügung. Wobei hier das Stadt-Land-Gefälle erheblich ist. In München zum Beispiel sind immerhin 7,7 Prozent der Kinder versorgt, während es in sehr vielen kleinen Gemeinden überhaupt keine öffentliche Kleinstkinderbetreuung gibt.
Was die neuen Bundesländer betrifft, so mußten die Eltern hier eine dramatische Umstrukturierung hinnehmen. Wurden bis 1989 gut 60 Pro-

zent der Kleinstkinder in Krippen betreut, so steht inzwischen nur noch für knapp ein Viertel der Kinder ein Krippenplatz zur Verfügung (weil viele, vor allem auch firmeneigene Einrichtungen aufgelöst wurden).
Ähnlich wie bei den Krippen ist die Situation bei den *Schulhorten*: Hier reicht die Versorgung in den alten Bundesländern von 1,2 Prozent (Saarland) bis 14,4 Prozent (Hamburg) und liegt damit weit unter den Zahlen der neuen Bundesländer (51 Prozent bis 90 Prozent). Und wie für die Krippen gilt: Während die Eltern in den alten Bundesländern für mehr Schulhorte kämpfen, kämpfen die Eltern in den neuen Bundesländern gegen den Abbau bestehender Einrichtungen.

■ Kinderkrippen: Betreuung für die ganz Kleinen

Die Kinderkrippe steht Kindern zwischen acht Wochen und drei Jahren zu Verfügung. Die Einführung des Erziehungsurlaubs und des Erziehungsgeldes hat zur Folge, daß heute nur noch selten Kinder unter einem halben Jahr in die Krippe gegeben werden. Die überwiegende Anzahl der Neuankömmlinge ist mindestens ein Jahr alt.
Die Krippe hat in den letzten Jahren (nicht zuletzt auch mit dem Inkrafttreten der neuen „Richtlinien für Heime und andere Einrichtungen nach Paragraph 78 des Gesetzes der Jugendwohlfahrt" im August 1986) einen entscheidenden Wandel durchgemacht: von der reinen Pflege und Betreuung zur pädagogischen Institution. In der Praxis heißt das: Statt Kinderschwestern und Kinderpflegerinnen kümmern sich heute vorrangig Erzieherinnen (Kindergärtnerinnen) um die Kinder und statt großer, altersgleicher Gruppen werden kleine Gemeinschaften mit sechs bis zehn Kindern unterschiedlichen Alters gebildet, die während ihrer Krippenzeit auch nach Möglichkeit zusammenbleiben sollen (auf daß aus den „Kleinen" der jeweiligen Gruppe auch mal die „Großen" werden). Das hat übrigens auch Konsequenzen im baulichen Bereich: Statt nur weniger großer braucht man nun viele kleinere Räume. Denn für jede Gruppe müssen mindestens zwei Räume zur Verfügung stehen, von denen einer zum Spielen und Essen, der zweite zum Ausruhen gedacht ist (wobei im Spielzimmer jedem Kind mindestens 3,5 und im Ruheraum mindestens 2,5 Quadratmeter zustehen).

□ *Öffnungszeiten:* Die Kinderkrippen öffnen in der Regel um 6.30 Uhr und schließen um 17 Uhr. Die Eltern sind gehalten, ihr Kind bis etwa 8.30 Uhr zu bringen, weil dann die gemeinsamen Aktionen beginnen.

□ *Der Tagesablauf:* Mit geringen Abweichungen sieht er so aus, daß morgens die Kinder gewissermaßen „gleitend“ eintreffen. Für Frühaufsteher gibt es um 8 Uhr ein Frühstück. Es besteht aus Müsli, Cornflakes oder belegtem Brot, Tee oder Milch. Im Anschluß wird – je nach Notwendigkeit und Möglichkeit – der Hygiene Genüge getan: Zähneputzen, Händewaschen, Windeln. Es folgen Spiel- und Beschäftigungsangebote: Kreisspiele, Turnen, Spaziergänge, Basteleien, Musizieren. Die Kinder können sich beteiligen, müssen aber nicht. Sie können sich auch allein oder zu zweit, zu dritt in eine Spielecke zurückziehen. Um 11 Uhr gibt es Mittagessen (das in der Regel in der Krippenküche von einer Küchenfrau zubereitet wird). Der Speiseplan wird jeweils für eine Woche aufgestellt und am Schwarzen Brett, den Eltern zugänglich, ausgehängt. Nach dem Essen wird wiederum das Bade- und Wickelzimmer aufgesucht, und dann trollen sich die Kinder, mit dem Schmusetier im Arm, im Ruhezimmer zu ihrem angestammten Schlafplatz.
Zwei einschlägige Krippenerfahrungen: Während viele Kinder zu Hause nur höchst widerwillig den notwendigen Mittagsschlaf absolvieren, haben in der Krippe auch die Unruhigsten so gut wie keine Einschlafschwierigkeiten. (Wahrscheinlich ist das Gruppenleben doch recht anstrengend.) Und zweitens: Die Sauberkeitserziehung verläuft in der Krippe völlig problemlos. Das Beispiel der „Großen“, die bereits lässig das (kindgerechte) Klo benutzen können, hat augenscheinlich eine große erzieherische Wirkung.
Nach dem etwa zweistündigen Mittagsschlaf werden bereits die ersten Kinder abgeholt. Am Nachmittag wird in Kleinstgruppen frei gespielt. Die Erzieherinnen regen an, helfen, trösten und schlichten nach Bedarf Streitereien. Um 17 Uhr schließen die meisten Krippen.

■ Wie kommt man an einen Krippenplatz?

Träger der Kinderkrippen sind im wesentlichen die Kommunen und die Wohlfahrtsverbände. (Die wichtigsten: Arbeiterwohlfahrt, Diakonisches Werk, Caritasverband, Deutscher Paritätischer Wohlfahrtsverband, Deutsches Rotes Kreuz). Auskunft über Adressen, Träger, Ausstattung und Aufnahmemöglichkeiten der einzelnen Krippen erteilen in der Regel die Jugendämter und/oder das Sozialreferat der Gemeinde. Die Tatsache, daß Krippenplätze äußerst rar sind, macht es ratsam, sich schon zu Beginn der Schwangerschaft auf die Warteliste möglichst mehrerer Krippen setzen zu lassen.

Grundsätzlich hat jede Mutter und jeder Vater das Recht, sich um einen Krippenplatz für sein Kind zu bemühen, doch sind die Krippenleitungen angesichts der Knappheit der Plätze angewiesen, Prioritäten zu setzen. Die größten Chancen haben berufstätige Alleinerziehende, an zweiter Stelle stehen berufstätige Eltern. Wer sein Kind nur deshalb in die Krippe geben möchte, damit es mehr Anregung erhält und nicht isoliert als Einzelkind aufwachsen muß, der hat – zumindest vorläufig – kein Glück.

■ Kinderkrippen: Was sie kosten

Die Gebühren sind von Bundesland zu Bundesland, von Stadt zu Stadt geringfügig unterschiedlich. Auch sind die Gebühren, die die Kommunen erheben, nicht immer identisch mit denen der Wohlfahrtsverbände (die Träger sehr vieler Kinder-Einrichtungen sind).
Grundsätzlich gilt: Die monatlichen Gebühren, die die Eltern für einen Krippenplatz bezahlen müssen, sind nach dem Einkommen gestaffelt. Zur Orientierung hier die Gebührenstaffel der Stadt München (Zugrunde gelegt wird das Bruttojahreseinkommen der/des Alleinerziehenden oder des Elternpaares abzüglich der Miete):

Gebührenstaffel für Kinderkrippen (München)

Bruttojahreseinkommen (abzüglich der Miete)	Gebühr
bis 25 000 Mark	frei
25 001–30 000 Mark	40,– Mark
30 001–35 000 Mark	100,– Mark
35 001–40 000 Mark	160,– Mark
40 001–45 000 Mark	220,– Mark
45 001–50 000 Mark	280,– Mark
50 001–55 000 Mark	340,– Mark
55 001–60 000 Mark	400,– Mark
mehr als 60 000 Mark	460,– Mark

Bundesweit gilt: Besuchen zwei Kinder die städtische Krippe, so reduziert sich die Gebühr für das zweite Kind. Auch wenn Geschwister des Krippenkindes andere städtische Einrichtungen nutzen – etwa einen Kindergarten oder den Hort – verringert sich die Krippengebühr.
In der Regel erheben Krippen – unabhängig vom Einkommen – zusätzlich ein Essensgeld. In München beträgt es pro Tag drei Mark.

■ Was zeichnet eine gute Krippe aus?

Die Qualität einer Kinderkrippe läßt sich für die Eltern daran erkennen, inwieweit sie die Anforderungen erfüllt, die heute – auch von Gesetzes wegen – an eine Krippe gestellt werden. Eine gute Krippe bietet:

□ *kleine, altersgemischte Kindergruppen;*
□ *ausreichend Betreuungspersonal,* das den Schwerpunkt seiner Aufgaben nicht auf die bloße Pflege legt, sondern vielmehr die Kinder bei der „Eroberung der Welt" anregt, unterstützt, begleitet;
□ *Räumlichkeiten,* in denen sich das neue Erziehungskonzept (kleine Gruppen, Möglichkeiten, auch einmal allein, zu zweit oder zu dritt ungestört zu spielen) auch durchführen läßt;
□ *einen Garten oder einen nahen Park,* damit sich die Kinder viel im Freien bewegen können;
□ *regelmäßige Elternabende,* bei denen Mütter und Väter ihre Fragen, Klagen und Vorschläge einbringen können;
□ *einen funktionierenden Elternbeirat* – als Mittler zwischen Eltern und Krippenleitung;
□ *eine Krippenleitung, die es der Mutter oder dem Vater ermöglicht,* während der ersten zwei, drei Tage mit dem Kind in der Krippe zu bleiben, um ihm das Eingewöhnen zu erleichtern.
□ *In einer guten Krippe weiß man, daß das erste Lebensjahr kein „dummes" Jahr ist,* in dem der Säugling sowieso nichts mitbekommt, sondern daß auch Säuglinge bereits vielfältige soziale Kontakte und Kommunikation brauchen und daß das Umfeld entsprechend darauf eingestellt sein muß.

Sein Kind in die Krippe zu geben ist deshalb kein „Abschieben", kein „Verwahren" mehr, sondern eine durchaus sinnvolle Möglichkeit, auch Säuglinge und Kleinkinder bereits (in zumutbarem Rahmen) teilhaben zu lassen am „richtigen" Leben! (Diese Maxime sollte übrigens genauso für die häusliche Erziehung gelten, wo ja nur allzu oft das Baby ins nächste Zimmer „abgeschoben" wird, weil man – irrtümlicherweise – meint, daß Ruhe das Beste für es sei).

■ Kindergärten: Laut Kinderpädagogik ein Muß

Kindergärten werden von Kindern ab dem dritten bis zum sechsten Lebensjahr besucht. Sie erfreuen sich größter Beliebtheit. Mußte sich die

Krippe lange gegen den Vorwurf der bloßen Verwahranstalt wehren und galt der Schulhort vielen als letztes Auffangbecken für „Schlüsselkinder“, so ist der Kindergarten seit Jahrzehnten unwidersprochen der Ort, der den Kindern das bietet, was sie in diesem Alter brauchen. Ob eine Mutter berufstätig ist oder nicht – so gut wie keine will ihrem Kind diese Förderung vorenthalten, um so weniger dann, wenn es sich um ein Einzelkind handelt. Was der Kindergarten den Kindern bietet:

□ *Das Zusammensein mit anderen Kindern* – nicht zuletzt auch als Gegengewicht zu ihrer Beziehung zu den Eltern, in der sie sich ständig als die Schwächeren, Unterlegenen erleben. Mit etwa Gleichaltrigen dagegen können sie gleichberechtigt kommunizieren, ihre Kräfte messen, Siege erleben, Niederlagen erleiden. Die Kinder lernen, etwas *gemeinsam* auf die Beine zu stellen: eine Theateraufführung, ein Wandbild, ein Sommerfest.

□ *Anregung im musischen Bereich.* Die Kreativität der Drei- bis Sechsjährigen überrascht selbst die Experten immer von neuem. Der Kindergarten regt an zum Musizieren, Singen, Basteln, Malen, Theaterspielen, die Kinder lernen den Umgang mit den verschiedensten Materialien wie Papier, Knetmasse, Holz, Wolle, Stroh, Stoffen.

□ *Das Bewußtmachen der vier Jahreszeiten.* Die Veränderung in der Natur – und wie sich der Mensch dazu verhält – ist ein immer wiederkehrendes Thema zur „Aneignung der Welt“. Ebenso wie die

□ *Erkundung des Umfeldes.* Post, Feuerwehr, Supermarkt, die Busstation, der Marktplatz usw. werden erforscht.

□ *Wecken der Verantwortlichkeit für die Umwelt.* Themen wie Müllreduzierung, Naturschutz, Energiesparen werden auf vielerlei Weise angesprochen (Malen, Rollenspiele, Kasperltheater).

□ *Förderung der Motorik.* Die meisten Kindergärten bieten regelmäßige Turnstunden, mit Klettern, Balancieren, Bodenturnen.

□ *Vorbereitung auf die Schule.* Viele Kindergärten bilden für die zukünftigen Erstkläßler Vorschulgruppen oder Arbeitskreise, in denen ein erster, spielerischer Unterricht stattfindet: Farben, Zuordnungen (bestimmter Gegenstände in bestimmte Umfelder), Zahlen und Mengenverständnis, Buchstaben, erstes Lesen.

□ *Die Öffnungszeiten:* Der übliche Kindergarten (in den alten Bundesländern) ist eine Halbtagseinrichtung mit den Öffnungszeiten 8 bis 12 Uhr und 14 bis 17 beziehungsweise 18 Uhr. Ganztageskindergärten –

mit durchgehender Öffnungszeit 7 bis 17 beziehungsweise 18 Uhr, mit einem Mittagessen und Ruheräumen für die Mittagspause (wie sie etwa in den neuen Bundesländern üblich waren) – stehen bislang (in den alten Bundesländern) nur für rund 15 Prozent der Kinder des entsprechenden Alters zur Verfügung. Doch werden zur Zeit ganz erhebliche Anstrengungen unternommen, mehr Ganztagseinrichtungen und flexiblere Öffnungszeiten zu schaffen. In Städten wie Berlin, München und Hamburg wurden in einer ganzen Anzahl von Fällen auf Druck der Eltern Früh- und Spätschichten in Kindergärten eingerichtet. Es kann sich also lohnen, mit anderen Eltern zusammen von den Kindergartenträgern mehr Anpassung an die Bedürfnisse berufstätiger Eltern zu verlangen.

■ Wie kommt man an einen Kindergartenplatz?

Informationsstelle in Sachen Kindergartenplätze können sein: das Jugendamt, das Sozialreferat der Stadt oder auch das Schulreferat. In München zum Beispiel wird der Einschreibetermin für Kindergärten in der Presse und an öffentlichen Aushängen bekanntgemacht. (Die Einschreibungen finden einmal im Jahr, jeweils im Frühling, statt.) Wer den Termin verpaßt, wendet sich an die obengenannten Stellen.

□ *Der ganz direkte Weg:* Im Telefonbuch die Nummern und Adressen der nahe gelegenen Kindergärten heraussuchen und sich unmittelbar an die Kindergartenleitungen wenden. Obwohl bei den Kindergärten die Bedarfszahlen und die Anzahl der vorhandenen Einrichtungen nicht so weit auseinanderklaffen wie bei den Krippen, sollte man sich möglichst rechtzeitig um einen Platz bemühen. Ideal wäre es, mehrere Plätze zur Auswahl zu haben und das Kind da unterzubringen, wo es einem am besten gefällt, wo es im Hinblick auf Bringen und Holen am praktischsten ist und die Öffnungszeiten eventuell günstiger sind.

■ Kindergartenplätze: Was sie kosten

Die Kindergartengebühren sind von Land zu Land, Stadt zu Stadt und Träger zu Träger geringfügig verschieden. Um ein Beispiel zu geben: In München kostet ein Kindergarten, der von einem Kind ganztags besucht wird, monatlich 100 Mark. Bei halbtägigem Besuch sind für den Vormittag 75 Mark, für den Nachmittag 50 Mark zu entrichten. Unterschreitet das Jahreseinkommen der Eltern oder der/des Alleinerziehenden 30 000 Mark, gibt es Ermäßigungen. Die Ermäßigung für einen Kindergartenplatz staffelt sich (abhängig vom Jahreseinkommen und dem Besuch) zum Beispiel in München etwa folgendermaßen:

Gebührenstaffel für einen Kindergartenplatz (München)			
Jahreseinkommen	Besuch: ganztags	Besuch: vormittags	Besuch: nachmittags
30 001 Mark und mehr	100,– Mark	75,– Mark	50,– Mark
27 001–30 000	80,– Mark	60,– Mark	40,– Mark
24 001–27 000	60,– Mark	45,– Mark	30,– Mark
21 001–24 000	40,– Mark	30,– Mark	20,– Mark
21 000 Mark und weniger	frei	frei	frei

Hat das Kindergartenkind Geschwister, die ihrerseits Einrichtungen für Kinder besuchen, so reduzieren sich die Gebühren ebenfalls, unabhängig vom Einkommen der Eltern.
Für das *Mittagessen* (im Ganztagskindergarten) ist, unabhängig vom Einkommen, ein Essensgeld von ca. drei Mark zu zahlen.

■ Was zeichnet einen guten Kindergarten aus?

Entscheidend ist, wie bei den Krippen, inwieweit der Kindergarten den von der Kindergarten-Pädagogik gesteckten Zielen gerecht wird. (Siehe auch unter: *Kindergärten: Laut Kinderpädagogik ein Muß.*) Ob er das schafft, hängt ab

- ☐ *von der Motivation der Erzieher/innen,*
- ☐ *vom Zahlenverhältnis Betreuer/in – Kinder,*
- ☐ *von den Räumlichkeiten,*
- ☐ *von der den Umgang untereinander bestimmenden Atmosphäre,*
- ☐ *von der Kommunikation zwischen Eltern und Erzieherinnen beziehungsweise Erziehern (und der Möglichkeit, in einem Elternbeirat mitzuwirken).*

Neben diesen allgemeingültigen Kriterien ist natürlich auch der Einzelfall zu berücksichtigen- und zu fragen:

- ☐ *Ist der Kindergarten leicht erreichbar?*
- ☐ *Gibt es eine öffentliche Verkehrsanbindung?*
- ☐ *Welche Öffnungszeiten gelten, gibt es eventuell Sonderregelungen für Berufstätige?*

☐ *Wohnt jemand in der Nähe, der sich in dringenden Fällen um das Kind kümmern kann und zu dem das Kind Vertrauen hat?*
☐ *Findet man die Leiterin beziehungsweise den Leiter des Kindergartens sympathisch?*
☐ *Hat es Spaß gemacht, den Kindergarten zu besichtigen – oder sind Unsicherheit und Skepsis aufgekommen?*

Je uneingeschränkter die Eltern den Kindergarten gutheißen können, je besser sie ihr Kind dort aufgehoben wissen, um so beruhigter, sicherer, leichteren Herzens können sie ihrem Beruf nachgehen. Die sorgfältige Auswahl (wenn man sie hat) lohnt sich also in mehrerer Hinsicht. Sie kommt dem Kind und den Eltern zugute.

■ Schulhorte – Stiefkinder unter den Betreuungseinrichtungen

Schulhorte stehen Schulkindern zwischen sechs und zwölf (manchmal vierzehn) Jahren zur Verfügung. Im Schulhort, dessen Räumlichkeiten entweder direkt in die Schule integriert oder aber in unmittelbarer Nähe der Schule gelegen sind, verbringen Kinder die Zeit zwischen Schulschluß und Heimkehr von Mutter oder Vater. Plätze in Schulhorten sind ebenso knapp wie Krippenplätze. Wie bei den Krippen stehen nur für rund 2,5 Prozent der Kinder Hortplätze zur Verfügung, wobei es ein drastisches Stadt-Land-Gefälle gibt. Die Großstädte sind etwas besser versorgt. (So stellt eine Stadt wie Hamburg zum Beispiel für rund 14 Prozent der Sechs- bis Zwölfjährigen Hortplätze zur Verfügung).
Trotz der eklatanten Unterversorgung wird das Thema Horte längst nicht so leidenschaftlich diskutiert – und wird auch von offizieller Seite nicht so ernst genommen – wie etwa das Thema Krippen. Das mag damit zusammenhängen, daß eine provisorische und wechselnde Betreuung von Schulkindern in der Nachbarschaft, bei den Großeltern oder in der Familie von Schulkameraden weniger problematisch erscheint als bei einem Kleinstkind. Gleichwohl drängen viele Eltern – zu Recht – überall auf eine bessere Versorgung.

☐ *Was der Schulhort den Kindern bietet:* Der Schulhort bietet altersgemäße spielerische und sportliche Aktivitäten an (Gruppensport, Schach, Tischtennis, Bastelkurse, Musikgruppen). Dafür können die entsprechenden Räume der Schule, die Höfe, Sportplätze, Turnhallen mitbenutzt werden. Die Programme werden von Schule und Eltern gemeinsam entwickelt. Es werden altersübergreifende Interessengruppen gebildet, die nicht mehr als 15 Kinder umfassen sollen. Jeder Gruppe steht ein Erzieher zur Verfügung. Bei Bedarf wird bei den Hausaufgaben geholfen.

☐ *Öffnungszeiten:* Der Schulhort öffnet in der Regel um 11.30 Uhr und schließt um 18 Uhr. Wie lange das einzelne Kind bleibt, ist der familiären Organisation überlassen. Es darf sich zu jeder Zeit verabschieden, vorausgesetzt, es wurde zwischen Erzieher und Eltern abgestimmt, daß das Kind zu Hause jemanden antrifft.

☐ *Die Kosten:* Zur ungefähren Orientierung sei hier die Gebühr genannt, die in München für einen Schulhortplatz monatlich zu entrichten ist: 50 Mark. Das Mittagessen wird zum Selbstkostenpreis abgegeben und kostet ca. drei Mark.

☐ *Wie man einen Hortplatz bekommt:* Beim Wechsel vom Kindergarten in die Schule muß man von vornherein darauf achten, daß an die Schule ein Hort angeschlossen ist. Die Adressen solcher Schulen vermittelt die Schulbehörde. Der Mangel an Hortplätzen macht bei der Verteilung eine Prioritätenliste erforderlich. Bevorzugt werden Kinder, deren alleinerziehende Mutter/alleinerziehender Vater berufstätig ist. An zweiter Stelle stehen Kinder, deren Familie sich in einer ganz besonderen Notlage befindet (kranke, nur wenig belastbare Eltern zum Beispiel). An dritter Stelle stehen die Kinder, deren Eltern beide berufstätig sind.

☐ *Die Anmeldung für den Hort geschieht zusammen mit der Schuleinschreibung.* Dieser Termin, der in den Kindergärten, in der Presse und öffentlichen Aushängen bekanntgemacht wird, ist allgemeinverbindlich. Man kann sein Kind also nicht – wie bei Krippe und Kindergarten – lange Zeit im voraus anmelden. Sollte man beim ersten Anlauf leer ausgehen, kann man sich auf eine Wartelisten setzen lassen. So gehört das Kind vielleicht zu den Nachrückern, wenn ein anderes während des Schuljahres ausscheidet.

Betreuung durch eine Tagesmutter

„Tagesmütter" nennen sich Frauen, die – zusätzlich zu ihren eigenen Kindern, oft aber auch ohne selbst Kinder zu haben – die Betreuung von Säuglingen und Kleinkinder gegen Bezahlung übernehmen. In der Regel geschieht das in der jeweiligen Wohnung der Tagesmutter.
Die Idee der Tagesmutter kommt aus Schweden. Vor etwa zwanzig Jahren begann sie auch in Deutschland Fuß zu fassen – zunächst allerdings von größter Skepsis begleitet. Nicht zuletzt deshalb, weil man damals noch vielfach nur die familiale Säuglings- und Kleinkindererziehung gelten lassen wollte – ganz im Gegensatz zu anderen, offeneren Vorstellungen im übrigen Mitteleuropa.
Heute sind bei Jugendämtern (der alten Bundesländer) etwa 27 000 Tagespflegestellen registriert – mit deutlich steigender Tendenz. (In den neuen Bundesländern ist die Tagesmutter wegen der bislang vorherrschenden staatlichen „Vollversorgung" eine völlig neue Möglichkeit der Kindbetreuung. Gut 60 Prozent der Tagespflegestellen stehen Kleinstkindern (zwischen acht Wochen und drei Jahren) zur Verfügung. Insgesamt entspricht die Anzahl der registrierten Tagespflegestellen in den alten Bundesländern etwa der Zahl der Krippenplätze (rund 28 000). Kenner der Szene gehen davon aus, daß es mindestens noch einmal die gleiche Anzahl nicht von den Jugendämtern erfaßter Tagespflegestellen gibt.

■ So findet man eine Tagesmutter

Es gibt Tagesmütter, die beim Jugendamt registriert sind und vom Jugendamt vermittelt werden, und andere, die ihren Job entweder ganz privat oder als Mitglied einer einschlägigen Organisation betreiben.
Um eine Tagesmutter zu finden, wendet man sich also entweder an das Jugendamt oder – für eine private Vermittlung – an die

☐ *Arbeitsgemeinschaft Tagesmütter, Bundesverband für Eltern, Pflegeeltern und Tagesmütter e. V., Bödekerstr. 85, 2000 Hamburg 1.*

Tagesmütter lassen sich mit etwas Glück auch durch Herumhören im Freundeskreis, in der Nachbarschaft, in der Kirchengemeinde oder durch eine Anzeige in der Lokalzeitung oder im Stadtteilblatt finden. Eine über das Jugendamt vermittelte Tagespflegestelle hat den Vorteil, daß diese mit gewisser Regelmäßigkeit vom Jugendamt überprüft wird, daß die Tagesmutter Beratung und Schulungsangebote der Jugendämter in Anspruch nehmen kann und daß es bei Unstimmigkeiten eine Instanz gibt, die einbezogen werden kann. Doch lassen Erfahrungsberichte in einschlägigen Untersuchungen (etwa des Familienministeriums) im Grunde keine Unterschiede zwischen offiziell registrierten und nicht registrierten Pflegestellen erkennen.

☐ *Wichtig ist in beiden Fällen ein detaillierter Vertrag* zwischen den Partnern – den Eltern einerseits und der Tagesmutter andererseits. Zu empfehlen ist der Mustervertrag, den die Arbeitsgemeinschaft Tagesmütter (siehe oben) entwickelt hat. Er umfaßt sämtliche zu klärenden Punkte – von der Betreuungszeit über die Bezahlung bis hin zu der Frage, was zu geschehen hat, wenn die Tagesmutter plötzlich erkrankt. Auch das Jugendamt gibt Hinweise, wie ein Vertrag aussehen sollte.

☐ *Die Kosten:* Die monatlichen Beträge für Pflegestellen, die über das Jugendamt vermittelt werden, liegen zwischen etwa 200 und etwa 600 Mark – bei täglicher, sieben- bis achtstündiger Betreuung von Montag bis Freitag. (Die Sätze sind von Stadt zu Stadt verschieden.) Eine über private Kanäle gefundene Tagesmutter kann unter Umständen auch teurer sein. Bei nachgewiesenem Bedarf übernimmt das Jugendamt das Honorar für die Tagesmutter teilweise oder sogar ganz (immer vorausgesetzt, die Tagesmutter wurde auch über das Jugendamt vermittelt).

☐ *Was sonst noch geklärt werden muß:* Die Eßgewohnheiten des Kindes, die Einschlafzeremonie für den Mittagsschlaf, besondere Abneigungen und Vorlieben etwa beim Windeln, Waschen, Spielen, Spazierengehen. Ganz wichtig: Sämtliche Telefonnummern, unter denen die Eltern (im Falle einer plötzlich auftretenden Krankheit des Kindes, eines Unfalls oder Notfalls) erreicht werden können, sind bei der Tagesmutter zu hinterlegen. Am besten ergänzt durch die Nummern der Nachbarn und/oder Freunde, die einspringen können, falls die Eltern nicht zu erreichen sind. Auch Nummer und Adresse des Kinderarztes, der das Kind kennt, sollten der Tagesmutter bekannt sein.

■ Die beiden Mütter dürfen keine Konkurrentinnen sein!

Das eigentlich Entscheidende für das Gelingen der Kind-Eltern-Tagesmutter-Beziehung ist eine gewisse Übereinstimmung der beiden Frauen. Die Mutter des Kindes und die Tagesmutter müssen es verstehen, sich gegenseitig zu respektieren. (Im besten Fall mögen sie sich.) Je pragmatischer und nüchterner beide Frauen die Angelegenheit zunächst betrachten, um so besser: Da ist die Mutter des Kindes, die ihr Kind für die Zeit, da sie ihrem Beruf nachgeht, gut aufgehoben wissen will. Und da ist die Tagesmutter, die – in der Regel selbst Mutter eines oder auch mehrerer Kinder – diese Betreuung gewährleistet. Gegen Bezahlung. Das ist der schlichte Sachverhalt. Das (dennoch) Komplizierte daran ist, daß es hier – anders als im Falle der Erzieherin und Betreuerin in Krippe und Kindergarten – nicht zwei berufstätige Frauen miteinander zu tun haben, sondern eine Hausfrau und eine Berufsfrau (die sich, wie wir wissen, gar nicht so selten erheblich beargwöhnen, weil jede ihren Weg für den besseren hält).

Gleichwohl bedarf es, wie gesagt, für das Gelingen des Projekts der gegenseitigen Anerkennung. Und beide Frauen müssen sich in bestimmten Dingen einig sein: daß das Kind als ganzer – wenn auch noch kleiner – Mensch zu respektieren ist; daß Handgreiflichkeiten gegenüber dem Kind ausgeschlossen sind; daß eine heitere Grundstimmung herrscht; daß auch zwischen den Familienangehörigen der Tagesmutter (Ehemann, Kinder) und dem Pflegekind samt seinen Eltern eine gewisse Sympathie vorhanden ist. Das Allerwichtigste in diesem Zusammenhang: Die beiden Frauen müssen sich in ihrer Hinwendung zu dem Kind ergänzen und unterstützen. Es darf sich kein Konkurrenzverhältnis entwickeln. Und: Die richtige Mutter muß ertragen lernen, daß das Kind sich auf seine Ersatzmutter freut, ja, sie muß geradezu darauf hinwirken. Und umgekehrt.

■ Wenn die Oma das Kind betreuen soll

Früher war das ganz klar: Wann immer Engpässe bei der Kinderbetreuung auftraten – „die Oma macht das schon". Und die Oma machte es. Sehr gern sogar, konnte sie sich doch auf diese Weise zu etwas nütze fühlen, und überhaupt: „Der Kleine ist ja so süß!" Manchmal fühlte sie sich auch überfordert und, ganz insgeheim, ein bißchen ausgenutzt. Aber das hätte sie natürlich nie laut gesagt. Außerdem – wer hätte das Kind denn nehmen sollen, wenn nicht sie, die Oma. Es gab ja so gut wie keine Alternativen.

Heute ist das mit den Alternativen immer noch nicht weit besser. Aber die Oma, fünfzig Jahre alt, steht im Labor, sitzt an der Supermarktkasse, jettet zum Kongreß, schreibt ein Buch oder macht sich gerade mit ihrem

PC vertraut. Und wenn man sie zum Babysitten bittet, guckt sie erst in ihren Terminkalender. Natürlich ist nicht jede Oma so schwer im Geschäft. Aber da – selbst in den alten Bundesländern – gut 53 Prozent der Fünfzigjährigen berufstätig sind, ist die Quote anderweitig ausgelasteter Omas doch erheblich. Gleichwohl fällt bis heute immer noch ziemlich vielen Leuten ziemlich schnell die Oma ein, wenn es Engpässe bei der Babybetreuung gibt. Nur – die alte Oma gibt's nicht mehr.
Die neue liebt ihr Enkelkind genauso und ist sehr glücklich, wenn sie es in die Arme schließen darf. Nur – wie gesagt – selbst wenn sie nicht berufstätig ist und Zeit, Kraft und Lust hat, sich an der Betreuung ihres Enkelkindes zu beteiligen, so steht sie keineswegs zu jeder Tages- und Nachtzeit zur Verfügung.
Wer also die neue Oma – die Verwandtschaft ersten Grades hin oder her – in die regelmäßige Kinderbetreuung einspannen möchte, der verfahre ebenso pragmatisch wie rücksichtsvoll. Das heißt, es sind klare Absprachen zu treffen (und schriftlich festzuhalten) über

☐ die *Wochentage*, an denen die Oma das Kind betreut;
☐ die *Zeiten*, wann es gebracht und wann es abgeholt werden soll;
☐ *Telefonnummern und Adressen* derjenigen, die im Falle einer plötzlichen Erkrankung oder eines Unfalls des Kindes oder der Oma verständigt werden wollen;
☐ über die Art der *Erstattung der Auslagen*, die durch das Kind entstehen (Lebensmittel, Windeln usw.). Ein einfacher Weg: Die Eltern des Kindes strecken einen gewissen Betrag vor, aus dem die Oma die Ausgaben für das Kind bestreitet. (Vielleicht läßt sich auf Dauer eine bestimmte Monatspauschale errechnen, die die Eltern jeweils zu Beginn des Monats bezahlen. Das würde kleinliches Quittungen-Sammeln und Abrechnen ersparen).
☐ *Wichtig:* In aller Regel betreuen Großmütter ihre Enkelkinder im eigenen Haushalt. Täglich in die Wohnung des Kindes wechseln zu müssen – heraus aus der vertrauten Umgebung – wird meist als große Belastung empfunden und ist deshalb nach Möglichkeit zu vermeiden.
☐ *Beispielhaft:* Wenn eine Großmutter gleichsam Tagesmutter für ihr Enkelkind ist (dessen Eltern nur geringes Einkommen haben), so erstattet das Münchener Jugendamt – als Tagesmutter-Vermittler – der Großmutter den Tagesmuttersatz. In München sind das 547 Mark für täglich acht Stunden, montags bis freitags.

Hilfe, die man sich ins Haus holt

Hier geht es um die ganz individuelle, leider meist auch recht kostspielige Variante der Kinderbetreuung: um Kinderfrau und Au-pair-Mädchen. Was erschwerend hinzukommt: Es ist nicht leicht, die geeignete Person zu finden; wobei es im Falle der Kinderfrau ein Stadt-Land-Gefälle gibt. Je größer die Stadt, um so besser sind die Chancen, jemanden zu entdecken, der in die Familie hineinpaßt.

■ Wie man eine Kinderfrau findet

Verschiedenste Wege sind möglich, und wahrscheinlich wird man mehrere gehen müssen, bis man schließlich am Ziel ist. Hilfreich können sein: das Inserat in der Lokalzeitung oder im Stadtteilblatt; Rücksprache bei der Kirchengemeinde, bei Nachbarn und Freunden, Kolleginnen und Kollegen. Je mehr Leute einbezogen werden, desto erfolgversprechender ist die Sache.
Im Grunde kann jede Frau eine gute Kinderfrau sein: die junge, ehemalige Verkäuferin wie die ältere Hausfrau, deren Kinder aus dem Haus sind – man sollte also ziemlich offen sein bei der Suche. Entscheidend sind Herzlichkeit, Mütterlichkeit, Humor und Organisationstalent, Zuverlässigkeit und ein gewisses Durchhaltevermögen. (Wobei die große Anzahl der Anforderungen wiederum deutlich macht, daß eben doch nicht jede Person in Frage kommt).

□ *Die Kosten* sind Verhandlungssache. In einer teuren Großstadt wird man wahrscheinlich mehr Geld für eine Kinderfrau ausgeben müssen als in einer Kleinstadt, in der es sich noch verhältnismäßig preiswert leben läßt. Unter 1500 Mark netto pro Monat wird aber niemand die Arbeit übernehmen wollen; 1500 Mark netto bedeuten aber mindestens noch einen Tausender mehr brutto (durch die Beiträge zur Renten-, Kranken- und Arbeitslosenversicherung).
□ *Was vertraglich geregelt werden muß:* Die Arbeitszeit, ob und welche Haushaltstätigkeit – über die reine Kinderbetreuung hinaus – mit übernommen wird, der Urlaub (Dauer, bezahlt oder unbezahlt?), die Lohnfortzahlung im Krankheitsfall, die eventuelle Aufwandsentschädigung für die An- und Abfahrt, die Kündigungsfrist.

□ *Das Allerwichtigste:* Die Kinderfrau und die Familie, in der sie ihre Arbeit verrichtet, müssen sich sympathisch sein. Kind und Kinderfrau müssen sich mögen. Die Erziehungsvorstellungen der Eltern und der Kinderbetreuerin sollten sich weitgehend decken. Nur so kann sich das Kind stabil entwickeln, nur so können die Eltern beruhigt das Haus verlassen, um ihrer Arbeit nachzugehen.

□ *Eine interessante Variante:* Zwei oder drei Freundinnen oder Kolleginnen mit etwa gleichaltrigen Kindern engagieren gemeinsam eine Kinderfrau. Die Kinder werden monatlich oder vierteljährlich wechselnd in den drei Wohnungen betreut. Das hat zwar den Nachteil, daß das jeweilige Gastkind – oder die Gastkinder – seine Wohnung verlassen muß; doch von großem Vorteil ist, daß die Kinder gewissermaßen mit „Geschwistern“ aufwachsen. Zusätzlicher Vorteil: Es wird für die beteiligten Eltern etwas billiger.

■ Au-pair-Mädchen: Glück muß man haben

Hier trifft zu, was schon für die Kinderfrau galt: Es gehört ein bißchen Glück dazu, die richtige Person zu finden, und ganz billig ist die Lösung auch nicht. Wenn aber alle zusammenpassen – Kind, Au-pair-Mädchen und Eltern –, dann ist das eine der interessantesten Lösungen.

Au-pair-Mädchen (inzwischen gibt es auch Jungen, die diesen Job versehen!) sind Ausländerinnen und Ausländer zwischen 18 und 28 Jahren, die für mindestens sechs und maximal zwölf Monate jeden Tag sechs Stunden für Kinderbetreuung und Haushalt zur Verfügung stehen. Ein Tag in der Woche ist frei. Zweimal in der Woche können sie um abendliches Babysitting gebeten werden – wobei auf Unterrichtstermine Rücksicht zu nehmen ist. In der Regel nutzen die Au-pairs ihren Auslandsaufenthalt, um die Sprache des Gastlandes zu erlernen.

□ *Die Vermittlung eines Au-pair-Mädchens oder eines Au-pair-Jungen* hat die Bundesanstalt für Arbeit dem *Verein für Internationale Jugendarbeit e. V.* übertragen. Die Adresse: *Adenauerallee 37, 5300 Bonn 1.* Dieser Verein hat die folgenden örtlichen Beratungsstellen:

1000 Berlin 33, Königin-Luise-Straße 90
2000 Hamburg 76, Wartenau 9
2300 Kiel, Geigerstraße 5
3000 Hannover 1, Emdenstraße 14
3500 Kassel, Oberste Gasse 24

4000 Düsseldorf, Martin-Luther-Platz 39
4150 Krefeld, Westwall 39
4800 Bielefeld 13, Königsweg 12
5000 Köln 1, Kartäuserwall 24b
5300 Bonn 1, Adenauerallee 37
6100 Darmstadt, Hügelstraße 28
6370 Oberursel 2, Lange Straße 142
7000 Stuttgart 1, Moserstraße 10
7500 Karlsruhe 1, Moltkestraße 39
8000 München 40, Friedrich-Loy-Straße 16
8500 Nürnberg, Heideloffplatz 5
8900 Augsburg, Springergäßchen 14

□ *Die Kosten:* Das Au-pair-Mädchen/der Au-pair-Junge erhält ein monatliches Taschengeld zwischen 300 und 500 Mark. (Die exakte Summe ist über den *Verein für Internationale Jugendarbeit* beziehungsweise über die örtlichen Beratungsstellen zu erfragen.) Darüber hinaus müssen ca. 80 Mark pro Monat für die Krankenversicherung bezahlt werden. Außerdem hat das Au-pair-Mädchen/der Au-pair-Junge Anspruch auf ein eigenes Zimmer und die Teilnahme an den Mahlzeiten. (Das Ganze ist weniger als Angestellten- denn als Kind-im-Haus-Verhältnis konzipiert).
□ *Der besondere Vorteil:* Vorausgesetzt, das Gastgeber-Gast-Verhältnis klappt, dann profitieren alle Beteiligten. Von der fremden Sprache, der anderen Kultur, also eigentlich von der Möglichkeit aller, den jeweiligen Horizont zu erweitern.
□ *Das besondere Risiko:* Da es so gut wie keine Möglichkeit gibt, einander vorher kennenzulernen, kann sich diese vielversprechende Möglichkeit unversehens als Desaster entpuppen, einfach weil man partout nicht miteinander kann. In solchen Fällen helfen der *Verein für Internationale Jugendarbeit* und die entsprechenden Beratungsstellen, eine Lösung zu finden. Können sich die Kontrahenten gar nicht einigen – auch nicht unter Vermittlung der Beratungsstelle –, so muß man sich notfalls trennen und es mit einem neuen Au-pair-Mädchen/-Jungen versuchen.

■ „Hauswirtschaftspraktikantin"? Fehlanzeige!

„Seht euch doch nach einer Hauswirtschaftspraktikantin um", wird manchmal berufstätigen Eltern geraten. Und im Anzeigenteil der Zeitung steht dann auch: „Familie mit Kind/Kindern sucht Hauswirtschaftspraktikantin“. Dazu sollte man wissen: Eine *Praktikantin* ist *Auszubildende* mit dem Berufsziel Hauswirtschafterin (in Heimen, Kliniken, Hotels). Im Rahmen ihrer Fachschulausbildung sind Praktika vorgesehen, und zwar in Ausbildungsstätten, die bestimmte Kriterien erfüllen müssen. So müssen Lehrfrau oder Lehrherr ihrerseits Hauswirtschaftsmeisterin/Hauswirtschaftsmeister mit mindestens dreijähriger Praxis sein. Auch ein Mehrpersonenhaushalt wird als Ausbildungsstätte anerkannt, vorausgesetzt, die Hausfrau ist Meisterin und tagsüber weitgehend anwesend, um ihrer Ausbildungstätigkeit auch nachkommen zu können. Da sie das als berufstätige Frau nicht ist, kommt eine Praktikantin zur Kinderbetreuung nicht in Frage. Was berufstätige Eltern brauchen, ist eine bezahlbare Hilfe, die Kind und Haushalt betreut. Genau so sollte man das in Anzeigen auch ausdrücken.

Selber einen Kindergarten gründen

Überall im Land werden die Eltern aktiv. Als Reaktion darauf, daß es nach wie vor nicht genügend Betreuungseinrichtungen für Kinder gibt und daß die vorhandenen ungleichmäßig verteilt sind, greifen sie zur Selbsthilfe und gründen Krabbelstuben, Kindergärten, Betreuungsstätten für Grundschüler. Was als bestaunter Einzelfall begann, hat sich längst zu einer relevanten Größe gemausert. Keine der Initiativen ist vom Himmel gefallen. Jede erforderte und erfordert gründliche Gedankenarbeit und engagiertes Zupacken.
In aller Regel geht es darum, daß der zunächst völlig formlose Zusammenschluß von Eltern sich einen offiziellen Status geben muß, der es der Gruppe erlaubt, öffentliche Gelder in Anspruch zu nehmen. Denn die eigenen finanziellen Möglichkeiten reichen meist nicht, geeignete Räume zu mieten und Fachkräfte zu engagieren. Um diesen offiziellen Status zu erlangen, bedarf es aber erheblicher Mühe und Beharrlichkeit. Vor allem gilt es, eine Menge bürokratischer Hürden zu überwinden. Wer das ganz locker und sportlich nehmen kann, hat schon halb gewonnen. Und zum Glück gibt es in (nahezu) jeder Gruppe mindestens einen oder zwei, die da überhaupt erst anfangen, wo andere längst kapituliert haben. Solche bewunderungswürdigen Zeitgenossen sind hier gefragt. Wenn Eltern einen Kindergarten oder eine Krabbelstube gründen, steht am Anfang fast immer der Frust. Der Frust darüber, daß der eigene Stadtteil überhaupt keinen Kindergarten hat, der im nächstgelegenen Viertel auf Jahre komplett ausgebucht ist – und der dritte, zumindest auf den ersten Blick, einen derart düsteren Eindruck macht, daß Mutter und Vater die Lust verlieren, sich hier um einen Platz für ihr Kind zu bemühen. So oder so ähnlich ist die Situation, aus der heraus schließlich die Idee geboren wird: Dann gründen wir eben selber einen Kindergarten. Die Idee ist gut, sehr gut sogar, und vom Hörensagen weiß man, daß das auch funktionieren kann. Die Frage ist, wie?

■ Erste Voraussetzung: Gleichgesinnte suchen

Allein geht gar nichts. Das heißt, man muß sich nach Eltern umsehen, die das gleiche Problem haben wie man selbst: Wohin mit dem Kind, wenn der Erziehungsurlaub ausläuft und beide Eltern wieder ihrem Beruf nachgehen? Gleichgesinnte finden sich, indem man im Freundeskreis und in der Nachbarschaft das Vorhaben mündlich bekanntmacht: und/oder im gutbesuchten Lebensmittelladen seines Stadtteils einen Aushang anbringt; und/oder eine Annonce in die einschlägige Zeitung setzt. Vielleicht stellt der überfüllte Kindergarten Namen aus seiner Warteliste zur Verfügung? Man kann bei der Kirchengemeinde fragen, in den Büros der politischen Parteien, bei den Elternbeiräten der Schulen. Wahrscheinlich werden sich zwei Dinge herausstellen: Erstens, wie viele Menschen das gleiche Problem haben, und zweitens, wie gesprächsbereit, interessiert und unternehmungslustig die meisten Angesprochenen reagieren – als hätten sie geradezu darauf gewartet, daß jemand den Anstoß gibt. (Das ist zumindest die Erfahrung, die einer Untersuchung des Familienministeriums und der Zeitschrift „Eltern“ aus dem Jahre 1991 zufolge die allermeisten Eltern-Initiativler machen).

■ Zweiter Schritt: Ein Treffen interessierter Eltern organisieren

Am Telefon miteinander zu reden ist die eine Sache, eine Zusammenkunft Interessierter zu arrangieren ist die andere. Tatsächlich bedarf es großer Beharrlichkeit, die potentiellen Initiativler auch tatsächlich zusammenzuholen. Das Treffen kann in einer Privatwohnung stattfinden, im Nebenraum einer Kneipe, in einem Raum der Kirchengemeinde, des Turnvereins, der Volkshochschule. Entscheidend ist, daß die Örtlichkeit leicht erreichbar ist und eine angenehme Atmosphäre hat. Schließlich sollen sich hier bislang einander weitgehend Fremde kennenlernen und miteinander ins Gespräch kommen. Ziel ist eine erste Bestandsaufnahme. Fragen wie diese sollten besprochen werden:

☐ *Um wie viele Kinder geht es?*
☐ *Wie alt sind die Kinder?*
☐ *Wie groß muß der angestrebte Kindergarten mindestens sein?*
☐ *Welche (ungefähre) Summe muß für die Ersteinrichtung veranschlagt werden?* (Kaution, Renovierung, Kücheneinrichtung, kindgerechte Klos und Waschbecken, Möbel, Spiel- und Sportgerät).
☐ *Welche (ungefähre) Summe können die Eltern selber dafür aufbringen*?
☐ *Wie groß ist die finanzielle Lücke?*
☐ *Welche Summe wird voraussichtlich monatlich benötigt?* (für Miete, Energie, Reinigung, die Gehälter der Betreuer/innen, Versicherungen, Spiel- und Bastelmaterial).

☐ *Wieviel Geld können/wollen die Eltern monatlich aufbringen?*
☐ *Sollen alle Eltern gleich viel Kindergartengebühren bezahlen?* Oder sollte man sich an den öffentlichen Krippen und Kindergärten orientieren und die Gebühren nach Einkommen staffeln?
☐ *Wann soll der Kindergarten morgens geöffnet, wann soll er (nachmittags/abends) geschlossen werden?*
☐ *Soll ein Mittagessen ausgegeben werden?* Wer bereitet es zu? (Die Mütter/Väter im Turnus?)
☐ *Ähneln sich die Erziehungsvorstellungen der einzelnen Eltern?* Oder gibt es große Unterschiede?

■ Für Schubkraft sorgen – einen Verein gründen!

Vorausgesetzt, das erste Treffen verläuft vielversprechend, und zwei, drei andere Eltern lassen den ernsthaften Willen erkennen, auf dem einmal eingeschlagenen Weg weiterzugehen – so sollte man jetzt der losen Gruppierung eine feste Struktur geben, also einen eingetragenen Verein gründen. Auf diese Weise bekommt das Unternehmen eine größere Verbindlichkeit. Die Beteiligten haben eine gemeinsame Geschäftsgrundlage, die den Rahmen der Aktivitäten absteckt; der Verein haftet für finanzielle Verpflichtungen (und nicht mehr die einzelnen Mütter und Väter); der Verein bietet mehr Rückhalt bei Mietverhandlungen, bei der Anstellung von Fachkräften; der Verein kann – sofern ihm die Gemeinnützigkeit zuerkannt wird (was bei Zusammenschlüssen dieser Art gute Chancen hat) Spenden entgegennehmen, Spendenquittungen ausgeben – und braucht keine Steuern zu zahlen. Das eigentlich Entscheidende aber ist dies: die Vereinsgründung ist der erste Schritt zur Erlangung des in der Einleitung genannten „offiziellen Status“, ohne den keine öffentlichen Zuschüsse für Projekte zu haben sind.

■ So gründet man einen Verein

Mindestanzahl der Gründungsmitglieder: sieben Personen. Diese (mindestens) sieben Personen müssen zur Konstituierung des Vereins eine *Gründungsversammlung* abhalten. Auf dieser Zusammenkunft müssen drei Dinge passieren: Es ist eine Satzung zu verabschieden, ein Vorstand zu wählen, und es muß ein Protokoll angefertigt werden.

☐ *Die Satzung* enthält Namen, Adresse und Zweck des Vereins. Außerdem die innere Struktur, das heißt: Anzahl der Vorstandsmitglieder, die

Regularien für die Wahl des Vorstands (in der Regel wählt ihn die Mitgliederversammlung), die Beitragshöhe.

□ *Der Vorstand,* der in der Regel aus dem/der Vorsitzenden, einem Stellvertreter, dem Kassierer und dem Protokollführer besteht, wird von der Versammlung gewählt. Das kann relativ formlos geschehen: Einer der Anwesenden wird mit der Durchführung der Wahl betraut. Diese Person bittet um Vorschläge für die Besetzung der Ämter. Aller Erfahrung nach wird es pro Funktion nicht mehr als einen Vorschlag geben. Dem vierköpfigen zukünftigen Vorstand kann in einem gemeinsamen Wahlgang die Zustimmung erteilt werden – durch Handaufheben. Sollte es pro Funktion mehrere Kandidaten geben, so empfiehlt sich die nach Posten getrennte, geheime Wahl. Dafür sind Wahlzettel zu verteilen (das können ganz einfache Blätter aus einem beliebigen Block sein). Sie werden mit den Namen der Bewerber und Bewerberinnen für den jeweiligen Job beschrieben, so daß der Lieblingskandidat von den Vereinsmitgliedern mit einem Kreuzchen versehen werden kann.

□ *In dem Protokoll* sind Datum und Zweck der Zusammenkunft festzuhalten. Außerdem die Anzahl der Anwesenden, das Wahlverfahren (offene oder geheime Wahl) und die Namen des gewählten Vorstands. Dieses Protokoll muß von mindestens sieben Teilnehmern der Runde, die ihrerseits dem Verein beitreten wollen, unterschrieben werden.

□ *Der nächste Schritt: Die amtliche Beglaubigung von Satzung und Protokoll.* Dafür suchen der 1. Vorsitzende und sein Stellvertreter mit den entsprechenden Papieren einen Notar auf. Die Kosten der Beglaubigung: ca. 50 Mark. (Ein Tip am Rande: Um nicht Gefahr zu laufen, mit unvollständigen Papieren anzukommen, sollte man bereits vor der Gründungsversammlung den Notar einschlägig befragen).

□ *Dritter Teil der Vereinsgründung: die Registrierung im Vereinsregister.* Diese muß beim Registriergericht des zuständigen Amtsgerichts beantragt werden. Dem Antrag müssen das beglaubigte Gründungsprotokoll und die beglaubigte Satzung beigefügt sein. Die Kosten für den Eintrag ins Vereinsregister: ca. 50 Mark.

□ *Zu guter Letzt: Die Anerkennung der Gemeinnützigkeit des Vereins.* Sie wird beim zuständigen Finanzamt beantragt. Der Antrag muß begründet werden. Das heißt: Der Zweck des Vereins (der ja bereits in der Satzung beschrieben ist) muß hier noch einmal dargestellt werden. Beispielsweise: „Die Einrichtung eines Kindergarten in einem Stadtteil, der nicht ausreichend mit Kindereinrichtungen versorgt ist“. Gleichzeitig muß erklärt werden, daß keinerlei wirtschaftliche Ziele mit dem Projekt verbunden sind, die „Gemeinnützigkeit“ also gegeben ist. Dem Antrag ist die beglaubigte Satzung hinzuzufügen.

☐ *Die Anerkennung als Träger der freien Jugendhilfe erteilt das Jugendamt.* Dafür sind beim Jugendamt einzureichen: die Satzung, der Nachweis (des Registriergerichts), daß es sich bei der Eltern-Initiative um einen eingetragenen Verein handelt, die Bescheinigung (des Finanzamtes) der Gemeinnützigkeit, die Adressen der Vorstandsmitglieder, eine ausführliche Beschreibung des Zwecks des Vereins und, nicht zuletzt, der Nachweis der Mitgliedschaft in einem der weiter unten genannten Verbände. (Nähere Informationen beim zuständigen Jugendamt).

■ Nächster Schritt: die Mitgliedschaft in einem Wohlfahrtsverband

Ist der eingetragene, gemeinnützige Verein erst einmal unter Dach und Fach, so kann er sich um die Mitgliedschaft in einem der großen Wohlfahrtsverbände Deutschlands bemühen. (Diese sind als *Träger der freien Jugendhilfe* Hauptträger der Einrichtungen zur Kinderbetreuung (siehe auch Seite 162/163). Der Vorteil einer solchen Mitgliedschaft: Die Verbände stellen ihren Mitgliedern häufig eine ganze Anzahl von Dienstleistungen zur Verfügung: Buchführung, Rechtsberatung, Schulungen. Durchweg positive Erfahrungen haben Eltern-Initiativen zum Beispiel mit dem Deutschen Paritätischen Wohlfahrtsverband gemacht. Das Interessanteste einer solchen Mitgliedschaft aber ist folgendes: Sie versetzt den Verein in den Stand, selbst als Träger der freien Jugendhilfe anerkannt zu werden. Diese Trägerschaft aber ist – wie bereits erwähnt – der Schlüssel zu den öffentlichen Zuschüssen (ohne die sich die meisten Projekte gar nicht realisieren lassen).

☐ *Über die Möglichkeiten einer Verbandsmitgliedschaft informiert die Bundesarbeitsgemeinschaft der Freien Wohlfahrtspflege e. V., Franz-Lohe-Straße 17, 5300 Bonn 1* (ein Zusammenschluß von Arbeiterwohlfahrt, Diakonischem Werk, Caritasverband, Deutschem Paritätischem Wohlfahrtsverband, Deutschem Rotem Kreuz, Zentralwohlfahrtsstelle der Juden in Deutschland).

☐ *Zuschüsse können beantragt werden,* wenn sich die Eltern-Initiative über die Vereinsgründung und die Mitgliedschaft in einem Wohlfahrtsverband zu einer Trägerin der freien Jugendhilfe gemausert hat. An wen sie allerdings ihren Antrag zu richten haben, das ist von Land zu Land, nicht selten von Stadt zu Stadt verschieden. Zuschüsse gewähren das Land, der Kreis und die Gemeinde. Wer im Einzelfall der Ansprechpartner ist, kann beim Jugendamt oder der Gemeinde erfragt werden. Auch die Höhe der Zuschüsse ist unterschiedlich. In drei Bundesländern (Nordrhein-Westfalen, Baden-Württemberg und Bayern) sind Zuschüsse für gemeinnützige Kindergärten bereits gesetzlich verankert. Dort wird etwa die Hälfte der Kosten für die Errichtung des Kindergartens übernommen. In den übrigen Bundesländern sind die Zuschüsse noch „Ermessensfrage“. (Daß über gewährte Gelder Nachweise geführt werden müssen, liegt auf der Hand. Buchführung ist also unerläßlich.)

■ Letzte Hürde: Räume und Betreuer finden!

Im Idealfall ist die Gruppe allen Widrigkeiten zum Trotz zusammengeblieben und steht nach wie vor fest zu der gemeinsamen Sache, obwohl zwischen dem ersten Treffen und der Anerkennung als Träger der freien Jugendhilfe gut und gern drei, vier Monate liegen können. Der Verband, unter dessen Fittiche man sich begeben hat, hilft mit Rat und Tat, gibt präzise Auskunft: wie im speziellen Fall die Räume beschaffen sein müssen (um den Kindergarten-Richtlinien zu genügen); wie viele Fachkräfte einzustellen und wie sie zu honorieren sind; welche Versicherungen abzuschließen sind. Und: ein beachtlicher Zuschuß ist gesichert. Mit einem Wort: Das Projekt besitzt eine tragfähige Basis.

Nun kommt es darauf an, Betreuerinnen und Räume zu finden. Die Betreuerinnen sollen die „richtigen“ pädagogischen Vorstellungen, die Räume einen günstigen Schnitt und die erforderliche Größe haben.

Beides findet man am sichersten mit der üblichen Methode, nämlich per Zeitungsannonce und durch Herumhören. Das Herrichten der Räume, nötige Umbauten, die Einrichtung – das machen die meisten Eltern-Initiativen zu ihrer eigenen Sache, das heißt, sie stecken jede Menge Eigenarbeit hinein. Die Freude und Genugtuung darüber, etwas auf die Beine gestellt zu haben, was die meisten von ihnen am Anfang eigentlich nicht für möglich hielten, erzeugt Energie und Kreativität. In dieser positiven Stimmung läßt sich auch denkbare Kritik der neuen Nachbarschaft einigermaßen locker wegstecken. Bekanntlich reagieren viele Mitbürger nicht gerade mit Entzücken, wenn in ihrer Nähe ein Kindergarten eingerichtet wird. Wenn hier überhaupt etwas hilft, dann nur, in die Offensive zu gehen – und die Kritiker zum Gründungsfest einzuladen.

Ein Sicherheitsnetz für Notfälle

Die Betreuung des Kindes ist organisiert, Vater und Mutter dürfen sicher sein, daß ihr Kind in ihrer Abwesenheit gut versorgt ist. Alles schön und gut. Aber was ist, wenn die Tagesmutter von heute auf morgen erkrankt, das Au-pair-Mädchen sich beim Skifahren ein Bein bricht, die Krippe für einige Tage schließen muß, weil die ansteckende Krankheit eines Krippenkindes eine gründliche Desinfektion erforderlich macht? Oder wenn das Kind selbst krank wird und Krippe oder Kindergarten nicht besuchen kann? Für solche Fälle braucht man ein „Sicherheitsnetz". Dieses Sicherheitsnetz muß vorsorglich geknüpft werden. Denn nichts ist kräftezehrender und stressiger, als aus dem Stand verzweifelt eine Kinderbetreuung aus dem Hut zaubern zu müssen, wenn man in einer Stunde hinterm Ladentisch stehen muß, oder das Flugzeug nach Hamburg geht, oder der Prozeß beginnt, bei dem man Protokoll zu führen hat.

■ Wie soll so ein Sicherheitsnetz aussehen?

Es geht darum, sich einer Anzahl von Personen zu vergewissern, die im Notfall zur Verfügung stehen. Das aber bedarf einer gewissen Systematik, sonst bekommt das Netz ganz schnell Löcher. Wenn es um das Kind geht, sollte man – um des Kindes, aber auch um der eigenen seelischen Balance willen – die Sicherheitsgurte so fest wie möglich zurren.
Dieser Weg hat sich als hilfreich erwiesen:

□ *Einschlägige Adressen sammeln.* Zunächst sollte man eine Liste mit den Adressen und Telefonnummern der Personen anlegen, die im Notfall als „Feuerwehr" zur Verfügung stehen. Dazu ruft man rundherum bei Verwandten, Freunden, Kollegen, Nachbarn an und beschreibt konkret, worum es geht: nämlich *nicht* darum, das Kind nach vorheriger Absprache an einem bestimmten Tag in der nächsten Woche zu übernehmen, sondern urplötzlich, in einem nicht vorausberechenbaren Augenblick „Feuerwehr" zu spielen. Das erfordert eine große Flexibilität, die nicht jeder an den Tag zu legen bereit und in der Lage ist. Im einzelnen muß besprochen und auf der Liste vermerkt werden, ob in einem solchen Fall die betreffende Person lieber in die Wohnung des Kindes kommt oder ob ihr das Kind gebracht werden muß. Sechs bis acht Adressen sollten es mindestens sein, damit man wirklich sicher sein kann, daß im konkreten Fall zumindest eine Person zur Verfügung steht.

□ *Adressen pflegen.* Die Liste muß auf dem laufenden gehalten werden. Es nützt wenig, Adressen von Personen in der Schublade zu haben, die zwar irgendwann einmal ihre Bereitschaft zur „Feuerwehr“ erklärt haben, von denen man aber nicht weiß, wo sie gerade stecken. Das heißt, man sollte den Rundruf immer mal wiederholen, sich nach den Terminen und Vorhaben der einzelnen erkundigen (und sie dann auch in der Liste notieren!) oder aber die potentiellen Retter in der Not darum bitten, ihrerseits mitzuteilen, was sie planen (Urlaub, Krankenhausaufenthalte usw.).

□ *Kind und „Feuerwehr“ sollten sich kennen.* In der Regel kennen sie sich wahrscheinlich sowieso. Wo das nicht der Fall ist, muß das Bekanntmachen unbedingt nachgeholt werden. Es ist für ein Kind sehr schwer, sich von einem Augenblick auf den anderen mit einer wildfremden Person konfrontiert zu sehen. Und auch die Betreuungsperson sollte wissen, wer und was auf sie zukommt.

3. Kapitel

Nach dem Erziehungsurlaub: Kind & Beruf koordinieren

Die Möglichkeiten gemeinsam durchdenken

Die Statistik belegt: Rund 20 Prozent der Mütter kehren gleich nach dem Mutterschutz an den Arbeitsplatz zurück. Etwa 80 Prozent nehmen den Erziehungsurlaub ganz oder teilweise in Anspruch. Und in der Mehrzahl der Fälle ist es die Frau, die ihre berufliche Laufbahn unterbricht. Der mittlerweile dreijährige Erziehungsurlaub (zur Betreuung von Kindern, die nach dem 1. Januar 1992 geboren wurden) hat jedoch ein deutliches Umdenken eingeleitet: Immer mehr Paare können sich inzwischen vorstellen, sich den Erziehungsurlaub zu teilen.

Welche Variante auch immer gewählt wurde, jetzt – nach Mutterschutz beziehungsweise Erziehungsurlaub – kommt es auf dreierlei an: Die Mutter, der Vater, die/der den Erziehungsurlaub in Anspruch genommen hat, muß beruflich wieder den Einstieg finden und Fuß fassen, die Betreuung des Kindes während der Abwesenheit der Eltern ist sicherzustellen, und der Tagesablauf und das Familienleben müssen unter den geänderten Bedingungen neu organisiert werden.

Wie das im einzelnen aussehen könnte, hängt davon ab, wie die Eltern ihr zukünftiges Leben gestalten wollen. Und darüber sollten beide sorgfältig nachdenken. Werden beide Elternteile ganztägig berufstätig sein? Soll einer von beiden nur halbtags arbeiten? Oder streben beide einen Halbtagsjob an? Das Beste ist, alle drei Möglichkeiten in aller Ruhe und Gründlichkeit gedanklich durchzuspielen, weil für den einzelnen und für die ganze Familie so viel davon abhängt: das berufliche Fortkommen einerseits, aber auch das Gelingen des ja nicht ganz unkomplizierten Lebens zu dritt – die seelische Balance, die Zufriedenheit und das Glück aller Beteiligten also.

■ Möglichkeit Nummer 1: Mutter und Vater arbeiten ganztags

Das ist, wenn man so will, die radikalste Lösung und führt nur dann nicht zur Überforderung einzelner oder gar aller Familienmitglieder, wenn Mann und Frau aufrichtig und klug kooperieren. Die Lasten sind ausgewogen auf die Schultern der Eltern zu verteilen, das Kind ins Familiengeschehen einzubeziehen. Nur so kann das ehrgeizige Projekt „Beruf und Kind unter einem Hut“ gelingen.

☐ *Wohin mit dem Kind?* Das ist natürlich die zentrale Frage. Mit ihrer Beantwortung steht und fällt das Vorhaben der beiderseitigen Ganztagsarbeit. Die Antwort ist nicht einfach – und das nicht nur, weil nach wie vor zu wenig Versorgungseinrichtungen zur Verfügung stehen. Es soll ja auch „die richtige" Betreuungsform sein, das heißt, sie soll von den Eltern aus vollem Herzen gutgeheißen werden können. Nur dann kehren die innere Ruhe und die Sicherheit ein, die es Müttern und Vätern ermöglichen, konzentriert ihrer beruflichen Tätigkeit nachzugehen (Ausführliche Informationen über Betreuungseinrichtungen in Kapitel 2). Welche Form der Kinderbetreuung auch immer gewählt wird – sicher ist eins: Mann und Frau, Vater und Mutter müssen ihren Tag neu organisieren.

☐ *Wer bringt das Kind weg, wer holt es ab?* Es ist ja nicht damit getan, daß das Kind tagsüber gut versorgt ist. Unter Umständen muß es morgens an einen bestimmten Ort gebracht, nachmittags wieder abgeholt werden (Krippe, Tagesmutter). Zu klären ist also: Wer kann das übernehmen? Wessen Arbeitszeiten liegen so, daß sie in etwa mit den Krippenöffnungszeiten koordiniert werden können? Morgens macht das wahrscheinlich keine besonderen Schwierigkeiten, weil die meisten Krippen bereits um 6.30 Uhr öffnen. Problematisch wird es wohl eher am Abend, da die Krippen gewöhnlich um 17.00 Uhr schließen.

■ Wann findet Familienleben statt? Wer versorgt den Haushalt?

Die entscheidende Frage aber ist die: Was passiert in der kurzen, kostbaren Zeit, bevor das Kind schlafen geht, jener einzigen Zeit des Werktages, in der die Familie zusammen sein kann? Sicher, auch während des Erziehungsurlaubs gab es diese Konstellation, daß sich der andere Elternteil erst nach Arbeitsschluß dazugesellte und nur während den Abendstunden die Familie komplett war. Für das Kind (und den betreuenden Elternteil) war der Tag aus einem Guß. Außerdem konnte der Kinderbetreuer gleichzeitig zumindest Teile der im Haushalt anfallenden Arbeiten übernehmen. Jetzt sieht es so aus, daß in den knappen gemeinsamen Abendstunden zweierlei geschehen muß: Familienleben *und* Erledigung des Haushalts. Ideal wäre es, gewissermaßen zwei Fliegen mit einer Klappe zu schlagen, also die notwendigen, ziemlich lästigen Arbeiten wie Putzen, Waschen, Einkaufen, Kochen nicht zähneknirschend und schlecht gelaunt, sondern vielmehr als fetziges Familien-Happening zu absolvieren: Vater scheuert das Klo, saugt die Teppichböden, Mutter sortiert die Wäsche in die Maschine, setzt das Abendessen an, und das Kind pendelt zwischen beiden, assistiert mal hier, hilft mal da – und das Ganze geschieht ohne Hast, in aller Fröhlichkeit. Das ist der Idealzustand, zugegeben, und den zu erreichen gelingt nicht alle Tage. Eher ist damit zu rechnen, daß allerlei Frust zusammenkommt, wenn zwei Erwachsene von einem Fulltimejob und ein Kind nach einem anstrengenden Krippentag nach Hause zurückkehren.

■ Was läßt sich planen, wo muß man flexibel sein?

Planung ist schon deshalb nötig, weil bestimmte Dinge einfach erledigt werden *müssen:* die tägliche Wäsche (Säuglinge und Kleinstkinder müssen ja unter Umständen mehrmals am Tag frisch gekleidet werden) und das tägliche, sorgfältig zusammengestellte Abendessen. Diese Mahlzeit ist aus zweierlei Gründen so wichtig: erstens der gesunden Ernährung (vor allem des Kindes) wegen; zweitens, weil es die einzige Mahlzeit ist, die die Familie gemeinsam – und hoffentlich in Ruhe – einnehmen kann. (Das Frühstück zählt hier nicht, weil man da meist unter Zeitdruck steht.) Aber auch die sanfte Spielphase nach dem Abendessen, bestimmte Zeremonien beim Zubettgehen, die dem Kind nach dem aufregenden Tag das Einschlafen erleichtern, sind unabdingbare Bestandteile des Familienabends.

Flexibilität hingegen sollte dem abendlichen Ablauf seine Strenge nehmen – und (falls notwendig) Eltern und Kind den Streßabbau erleichtern helfen. Flexibilität heißt zum Beispiel: Bei gutem Wetter könnte ein kleiner gemeinsamer Spaziergang oder ein Ballspiel im Park den Familienabend einleiten, das Abendessen könnte als Picknick auf der grünen Wiese eingenommen werden. Wenn eingekauft werden muß, so möglichst mit „spielerischen Einlagen": das Kind darf den Einkaufswagen schieben, wird seinerseits darin spazierengefahren, darf Päckchen in den Einkaufskorb packen. Und all dies hätte ohne Hast zu geschehen. Der Schaden, der eventuell dadurch entsteht, daß das Kind einmal etwas später ins Bett kommt, ist ungleich geringer als der, der durch Hetze, Nervosität, Aggressivität der Eltern entstünde.

■ Wie wird die gemeinsame Freizeit aussehen?

Solange man kinderlos ist, streckt man nach einem erschöpfenden Arbeitstag alle viere von sich, joggt ein paar Runden, hockt sich vor den Fernseher oder verschwindet hinter der Zeitung. Das ist nun vorbei. Das

Kind fordert sein Recht: die intensive Zuwendung seiner Eltern. Am glücklichsten sind jene Mütter und Väter dran, die in der Beschäftigung mit ihrem Kind die notwendige Entspannung finden. Die die Hinwendung zum Kind nicht als „Pflicht“ erleben, sondern als Vergnügen, bei dem es ja dann auch eine Menge zu lachen gibt, zu singen, zu tanzen, Schabernack zu treiben – bis der Übermut die Seele von allem Tagesfrust freispült.

■ Kann das Kind Schaden nehmen, wenn die Eltern ganztags arbeiten?

Diese Frage stellt sich allen Eltern, sowohl denjenigen, denen gar nichts anderes übrigbleibt, als ganztägig einem Broterwerb nachzugehen, weil nur ein verdienst zum Unterhalt der Familie nicht ausreicht, vor allem aber all jenen, die zur Not auch mit einem Gehalt über die Runden kämen, bei denen das Geld also nicht der entscheidende Beweggrund ist, die berufliche Laufbahn weiter zu verfolgen. Kann das Kind also Schaden nehmen oder nicht? Die Antwort lautet: ja und nein.

□ *Ja, das Kind kann Schaden nehmen,* wenn die Betreuung unzureichend ist; wenn der Aufenthalt in fremder Obhut zu lange dauert und damit das Zusammensein mit den Eltern zu knapp bemessen ist, um eine tragfähige Eltern-Kind-Beziehung aufzubauen; wenn Eltern und Kind die ihnen verbleibende Zeit nicht nutzen können, weil sich die Eltern in den verschiedensten Haushaltstätigkeiten verzetteln, weil sie keinen Abstand zu ihren beruflichen Problemen herstellen können und sich von ihrem Beruf derart „auffressen“ lassen, daß sie keine Kraft mehr haben, sich auf ihr Kind einzulassen. Ganz schlecht aber ist es für das Kind, wenn die Eltern – die Mütter vor allem! – im Grunde ihres Herzens ihre lange Abwesenheit als „Fehlverhalten“ empfinden und nun „Wiedergutmachung“ leisten, indem sie ihr Kind über Gebühr verwöhnen, es mit Geschenken überschütten und jedem seiner Wünsche nachgeben.

□ *Nein, das Kind nimmt keinen Schaden,* und seine Entwicklung unterscheidet sich nicht von der ganztätig durch Mutter oder Vater betreuter Kinder, wenn es während der Abwesenheit der Eltern von einer liebevollen, zuverlässigen Person betreut wird; oder in einer Institution (Krippe, Kindergarten, Hort) untergebracht ist, bei der alles stimmt: die Anzahl der Betreuer (im Verhältnis zu den Kindern), die Qualifikation und

Motivation der Betreuer, das Erziehungskonzept, die Räumlichkeiten, die Ernährung; wenn die Eltern nicht vollkommen erschöpft von der Arbeit nach Hause kommen, sondern sich Kraftreserven für ihr Kind und ihr Familienleben bewahren; wenn die Kind und Eltern verbleibende Zeit nicht zu knapp bemessen ist; wenn diese Zeit in der Weise genutzt wird, daß ein intensives, fröhliches, selbstverständliches Miteinander entwickelt werden kann. Sobald Eltern voll hinter ihrem Kind und ihrem jeweiligen Berufskonzept stehen, sich auch nicht von Gegnern eines solchen Konzepts verunsichern lassen, vielmehr klar Position beziehen und diese klare Position auch gegenüber ihrem Kind vertreten; wenn sie Spaß an ihrem Kind haben, an ihrem Familienleben und ihrem Beruf und wenn sie ihren ehrgeizigen Plan, alles dies miteinander in Einklang zu bringen, als interessante Herausforderung erleben – dann kann das für ein Kind kein Schaden, sondern immer nur ein Gewinn sein.

■ Wider das schlechte Gewissen der Mütter!

Wenn beide Elternteile ganztags arbeiten, taucht dieses Phänomen mit Sicherheit auf. Seltsamerweise kaum bei den Männern – sie haben kein schlechtes Gewissen, wenn sie trotz Kind ihrem Beruf nachgehen. Niemand macht ihnen Vorwürfe; und kein Mensch wundert sich, wenn sie als Vater weiter berufstätig sind. Ganz im Gegenteil: Väter, die ihrerseits den Erziehungsurlaub in Anspruch nehmen oder sich zur Pflege des kranken Kindes freistellen lassen, müssen gerade deswegen auf Irritation und Skepsis gefaßt sein. „Berufstätige Väter“ gibt es nicht.
Frauen sind um so mehr betroffen. Dieses nagende Gefühl des Ungenügens, dieses schmerzliche Empfinden, der eigenen „Bestimmung“ nicht gerecht zu werden – gepaart mit dem Selbstvorwurf, dem Kind etwas vorzuenthalten, auf das es ein Anrecht hat – das ist, laut einschlägigen Umfragen unter berufstätigen Müttern, am allerschwersten zu ertragen. Zum Glück ist das schlechte Gewissen nicht immer da. Nicht selten gelingt es monatelang, völlig unbeschwert von solch quälenden Gefühlen seiner Arbeit nachzugehen. Doch dann sind diese Gefühle von einem Augenblick auf den anderen wieder da, ausgelöst durch irgendein Wort, ein Bild oder das „sichtbare“ Kopfschütteln der eigenen Mutter am Telefon. Vielleicht wollte das Kind auch an diesem Morgen ganz besonders lange die Hand nicht loslassen. Und von der Mitwelt ist meist wenig Trost zu erwarten, insbesondere dann nicht, wenn der Vater des Kindes es auch allein schaffen würde, die Familie zu unterhalten.

Dem schlechten Gewissen einer berufstätigen Mutter ist nur schwer beizukommen. Weil es sich (auch) aus Quellen speist, die tief im Menschen verborgen liegen: aus Bildern und Empfindungen, die seit der Kindheit gespeichert sind. Da ist die Erinnerung an das eigene kindliche Verlangen nach der Mutter, an die Angst, wenn man sie verloren glaubte, an die tiefinnerliche Erleichterung, wenn sie wieder da war. Klar, nicken die Alten, die Konservativen und die Rollenkonformen, „die Mutter gehört zu ihrem Kind". Und die beste Freundin verkündet am Telefon: „Stell dir vor, ich habe gekündigt. Ich habe es einfach nicht übers Herz gebracht, das Kind in fremde Hände zu geben ..." Es kann Tage dauern, bis man sich von solchen Frontalangriffen erholt hat. Berufstätige Frauen, die das schlechte Gewissen chronisch oder gelegentlich plagt, sollten folgendes tun:

- ☐ *Das eigene „Beruf-und-Kind"-Konzept noch einmal überprüfen, und zwar gemeinsam mit dem Partner. Was sprach für den Ganztagsjob? Sind die Gründe dafür nach wie vor stichhaltig? Wird die Entscheidung nach wie vor von beiden Partnern getragen?*
- ☐ *Die Betreuung des Kindes unter die Lupe nehmen. Wie läuft sie? Bestens? Gut? Zufriedenstellend? Gibt es Verbesserungsmöglichkeiten?*
- ☐ *Überprüfen, ob die Eltern-Kind-Zeit tatsächlich für gemeinsame Aktivitäten genutzt wird, das heißt: ob auch wirklich genügend „Familienleben" stattfindet.*
- ☐ *Das seelische und körperliche Befinden aller Beteiligter – also Vater, Mutter, Kind – ausloten.*

Angenommen, die Ergebnisse sind durchweg positiv, so ist das natürlich noch immer nicht die Garantie für eitel Wonne. Doch kann eine nüchterne, gründliche Bestandsaufnahme die ganze Sache durchaus entmythologisieren und auf ein Alltagsmaß zurechtstutzen. Schließlich geht es nicht um Schuld oder Unschuld, Mütterlichkeit ja oder nein – sondern darum, daß eine Frau ein Kind und einen Beruf hat – und daß dieser Beruf es erforderlich macht, daß das Kind einige Stunden des Tages von Dritten betreut wird. Das ist es. Nicht mehr und nicht weniger.
Vorwürfen aus der Verwandtschaft und Unverständnis von den Kollegen begegnet man am nachhaltigsten, je sicherer man sich seiner Sache ist. (Eben deshalb ist es auch so wichtig, sein Konzept von Zeit zu Zeit zu überprüfen, um es, sofern es funktioniert, erneut zu seinem eigenen zu

machen.) Je offensiver und deutlicher man die eigenen Vorstellungen darlegt, um so überzeugender ist man. Wer hingegen seine Sache nur halbherzig vertritt (weil er selber nicht so recht daran glaubt), fordert Kritik und Mißbilligung geradezu heraus.

Wichtig, im Hinterkopf zu haben: Jedes Elternpaar ist darin frei, sein Leben so zu gestalten, wie es das für richtig hält. Einmischungen von außen sind im Grunde nur dann zulässig, wenn sie unterstützend wirken. Gegen destruktive Kritik darf man sich ruhig verwahren.

■ Möglichkeit Nummer 2: Mutter oder Vater arbeiten halbtags

Das ist – im Vergleich zur Ganztagsarbeit beider Elternteile – die abgemilderte Variante und heißt: die im vorigen Abschnitt angesprochenen Probleme tauchen auf eine etwas weniger drängende Weise auf. Ein anderes Problem kommt allerdings hinzu: das Ungleichgewicht zwischen den Partnern. Während der eine Partner beruflich weiter voranschreitet, macht der andere deutliche Abstriche (mit der sattsam bekannten Folge eines geringeren Verdienstes, was auch bedeutet: geringeres Arbeitslosengeld, geringere Rente). Während der eine nur wenig Zeit für sein Kind hat, kann sich der andere ausführlicher mit dem Kind beschäftigen. Die Tagesabläufe unterscheiden sich nun voneinander, die Interessenlage der beiden Partner ist nicht mehr gleich. Die nur allzu häufig auftretende Folge ist, daß der ganztägig berufstätige Partner, der sein Kind bei dem halbtags arbeitenden Partner in guter Obhut weiß, sich weniger Zeit für sein Kind reserviert als jene Väter und Mütter, die beide Ganztagsjobs haben. Es besteht nun einfach nicht mehr die Notwendigkeit, unmittelbar nach Arbeitsschluß auf schnellstem Weg nach Hause zu eilen. (Der Partner mit dem Ganztagsjob verhält sich ähnlich wie der, dessen Kind ganztägig vom anderen versorgt wird.)

Das aber verschärft das genannte Ungleichgewicht noch. Wobei es hier häufig gar nicht um ein bewußtes Verhalten und gezieltes Handeln geht; es unterläuft dem ganztags Berufstätigen einfach. Da hilft im Grunde nur eins: Gegensteuern, damit der andere Partner nicht über Gebühr belastet wird und das Familienleben nicht vollends außer Balance gerät. Auch hier geht es nicht ohne sorgfältige Planung und straffe Organisation. Auch hier sind wieder die drei Bereiche betroffen: die Unterbringung des Kindes für die Zeit, da beide Elternteile außer Haus berufstätig sind, die Bewältigung des Haushaltes und die Gestaltung der Zeit, die der *ganzen* Familie gehört.

□ *Die Unterbringung des Kindes:* Hier kann man sich möglicherweise auf eine Halbtagsbetreuung beschränken. Ob sie durch eine Kinderfrau, eine Tagesmutter, ein Au-pair-Mädchen, Krippe oder Kindergarten geleistet wird, kommt auf den Einzelfall an. (Näheres dazu in Kapitel 2.) Allerdings bedeutet ein Teilzeitjob ja keineswegs immer, daß diese Arbeit täglich halbtags abgeleistet wird. Es gibt mittlerweile eine Fülle von Teilzeit-Varianten, und ganz sicher werden weitere hinzukommen (Teilzeitarbeit für Frauen – und Männer – liegt im Trend). So kann Teilzeit bedeuten: zweieinhalb Tage in der Woche; zwei zusammenhängende Wochen pro Monat; Mitarbeit an einem Projekt, dessen Realisierung sich über drei Monate erstreckt, wobei dann die nächsten drei Monate frei sind. (Ein Münchner Kaufhaus bietet seinen Mitarbeitern und Mitarbeiterinnen zum Beispiel Mittagsschichten zwischen 11 Uhr vormittags und 15 Uhr nachmittags an.) Entsprechend variabel ist die Kinderbetreuung zu gestalten. Mit öffentlichen Einrichtungen (städtischen Krippen und Kindertagesstätten) wird man da womöglich seine Schwierigkeiten bekommen. Relativ starre Öffnungszeiten und die Notwendigkeit, die ohnehin knapp bemessenen Plätze gleichmäßig auszunutzen, lassen flexible Lösungen häufig (noch) nicht zu. Gleichwohl sollte man sich auch an öffentliche Einrichtungen wenden; um so mehr als in jüngster Zeit ein gewisses Umdenken bei den zuständigen Behörden eingesetzt hat. Die Versuche, den Bedürfnissen berufstätiger Eltern mehr entgegenzukommen, als das in der Vergangenheit der Fall war, sind jedenfalls allmählich zu erkennen.

□ *Die Bewältigung des Haushalts:* Sicher wird der Elternteil mit dem Halbtagsjob Teile der notwendigen Arbeiten übernehmen. In erster Linie obliegt ihm aber die Betreuung des Kindes. Nur deswegen hat er sich für eine Teilzeitbeschäftigung entschieden! (Und nicht etwa, um den Partner von sämtlichen Verpflichtungen wie Einkaufen, Kochen, Waschen, Putzen usw. freizuhalten!) Diesen Gesichtspunkt sollten beide Partner im Hinterkopf behalten, wenn es darum geht, die Hausarbeit gerecht unter sich aufzuteilen.

□ *Die Gestaltung der Freizeit.* Hier gilt – wie im Falle der Ganztagsbeschäftigung der Eltern: Es sollte täglich Familienleben stattfinden, nicht etwa nur am Wochenende. Das Kind sollte sich täglich seiner Eltern vergewissern können: beim gemeinsamen abendlichen Spaziergang, Spiel, Essen – oder auch bei der gemeinsamen Arbeit im Haushalt, bei der das Kind „hilft".

■ Die Chancen, einen Halbtagsjob zu bekommen

Gut 93 Prozent der (in den alten Bundesländern) geleisteten Teilzeitarbeit wird von Frauen verrichtet. Frauen-Teilzeitarbeit hat sich also mittlerweile halbwegs etabliert. Teilzeitarbeitsplätze für Männer sind nach wie vor äußerst rar; nicht zuletzt deshalb, weil kaum Nachfrage bestand. Erst in letzter Zeit beginnt sich das Bedürfnis der Männer (und Väter) herauszubilden, zugunsten eines ausgeprägteren Familienlebens zumindest zeitweise Teilzeit zu arbeiten.

□ *Wo Teilzeit zu haben ist:* Die jüngste Statistik weist insgesamt rund 2,3 Millionen Teilzeitarbeitsplätze aus. (Das gilt für die alten Bundesländer. Die Arbeitsmarktsituation in den neuen Bundesländern ist gegenwärtig noch zu wechselhaft, um sich statistisch belegen zu lassen.) Diese 2,3 Millionen Teilzeitarbeitsplätze finden sich vor allem in folgenden Branchen:

- *In den Büros von Behörden, Verwaltungen, Industriebetrieben, Versicherungen;*
- *in den Reinigungsbetrieben;*
- *im Einzelhandel – und hier speziell bei den Verkäuferinnen;*
- *im Krankenpflegedienst;*
- *bei den Schreibkräften. (Hier geht es, im Gegensatz zu den differenzierteren Bürotätigkeiten, um reine Schreib- und Texteingabearbeit.)*

Neben diesen offiziell registrierten Teilzeitarbeitsplätzen gibt es zahllose weitere Varianten von Teilzeitarbeit: in privaten Arztpraxen, Anwaltsbüros, Werbeagenturen, im Medienbereich, im Hotel- und Gaststättengewerbe, im Fremdenverkehr. Interessenten sollten die Stellenanzeigen der einschlägigen Zeitungen daraufhin studieren. Und auch dann, wenn in der Anzeige nicht ausdrücklich von Teilzeitarbeit die Rede ist, nachfragen, welche Teilzeitmöglichkeiten geboten werden.
Die Situation im Bereich der Teilzeitarbeit ist durch zwei Merkmale gekennzeichnet: Einerseits übersteigt die Nachfrage nach wie vor das Angebot. Es ist also, insgesamt gesehen, nicht leicht, einen Teilzeitarbeitsplatz zu finden. Andererseits wächst, wenn auch langsam, die Bereitschaft der Arbeitgeber, mehr Teilzeitarbeitsplätze zur Verfügung zu stellen (nicht zuletzt auch vor dem Hintergrund der sich verkürzenden Arbeitszeit und dem Wunsch, Maschinen und Arbeitsräume besser auszunutzen).

☐ *Zuallererst in der alten Firma nachfragen!* Die Suche nach einem Halbtagsjob führt sinnvollerweise zunächst zum ehemaligen Chef. Insbesondere dann, wenn man weiß, daß man als Mitarbeiter/Mitarbeiterin geschätzt wurde. Vielleicht kann die Nachfrage sogar insofern ein Anstoß sein, als eine Firmenleitung, die bislang der Teilzeitarbeit fernstand, sich angesichts des aktuellen Anlasses mit diesem Thema näher beschäftigt. Vielleicht ergibt sich auch die Möglichkeit, sich mit einer Kollegin, die sich ihrerseits einen Halbtagsjob wünscht, einen Arbeitsplatz zu teilen. Hier ist allerdings darauf zu achten, daß Fragen wie Vertretung im Urlaubs- beziehungsweise Krankheitsfall Sache der Personalleitung bleiben. Müßten sich die beiden Personen, die sich einen Arbeitsplatz teilen, im Bedarfsfall stets gegenseitig vertreten, so wären planbare Freizeiten für die Kinderbetreuung (und um die geht es ja!) nicht gesichert.

☐ *Die Vorteile gegenüber der Ganztagslösung:*
- Das Problem der Kinderbetreuung durch Dritte stellt sich nicht ganz so drängend wie bei einer ganztägigen Berufstätigkeit der Eltern.
- Dem Kind bleiben unter Umständen allzu viele Stunden außer Haus erspart.
- Zumindest ein Elternteil hat die Möglichkeit, sich täglich in aller Ruhe mit dem Kind zu beschäftigen.
- Die größere Freizeit des Halbtagsbeschäftigten wirkt sich auch in Sachen Hausarbeit entspannend aus.

☐ *Die Nachteile gegenüber der Ganztagslösung:*
- Ungleichgewicht in der Partnerschaft. Der eine lebt mehr berufs-, der andere mehr familienbezogen. Daraus können sich Konflikte entwickeln: gegenseitiger Neid, gegenseitiges Unverständnis, unterschiedliche Freizeitbedürfnisse.
- Ein verringertes Familieneinkommen – mit deutlichen Nachteilen für den halbtags beschäftigten Partner (geringere Rente, geringeres Arbeitslosengeld).

■ Möglichkeit Nummer 3: Mutter und Vater arbeiten halbtags

Das ist die ideale Lösung. Beruf und Familienleben werden harmonisch miteinander verbunden. Niemand ist überfordert. Weder die Eltern noch das Kind (zum Beispiel durch zu lange Krippenaufenthalte). Zwei Variationen sind denkbar. Die erste: Die Eltern arbeiten zur selben Zeit, am

Vormittag etwa, das Kind wird von einer Tagesmutter, Kinderfrau oder in der Krippe betreut, oder es geht in den Kindergarten. Die zweite: Die Eltern arbeiten zu unterschiedlichen Zeiten und wechseln sich in der Kinderbetreuung ab. Auf diese Weise könnte unter Umständen ganz auf eine Versorgung durch Dritte verzichtet werden. Wobei zu bedenken ist: Der Kindergarten ist für die optimale Förderung eines Klein- und Vorschulkindes (nahezu) unerläßlich. Das heißt: Man sollte sich auch dann um einen Platz bemühen, wenn ein Elternteil zu Hause ist und die Unterbringung des Kindes also nicht zwingend erforderlich ist.

□ *Die Vorteile dieser Lösung liegen auf der Hand:*

- Ausgewogenheit in der Partnerschaft. Keiner von beiden profiliert sich beruflich auf Kosten des anderen. Beide Partner haben die gleiche Chance, das Kind in seiner Entwicklung zu begleiten; beide Partner haben aufgrund der reduzierten Arbeitszeit auch die Kraft, das zu tun.
- Das Kind erlebt seine Eltern als gleichberechtigt. Beide gehen einem Beruf nach – und teilen sich die Hausarbeit. (Das ist zwar bei ganztägiger Berufsarbeit der beiden Eltern genauso. Doch während dort permanent die Gefahr der Überforderung droht, was das Modell entsprechend zerbrechlich macht, kann man hier von einer weit stabileren Basis ausgehen.)
- Es bleibt genügend Zeit für Spiel, Sport und Muße – allein, zu zweit oder zu dritt.

□ *Die Sache hat allerdings einen Haken:*

Das Modell steht und fällt mit der Lösung (mindestens) zweier Probleme: 1. Finden Mutter *und* Vater einen Halbtagsjob? 2. Reicht ihr *Verdienst* dann, um die Familie zu unterhalten? Wie gesagt: Halbtagsjobs sind knapp, und ganz speziell solche für Männer. Der freiwillig auf Teilzeitbasis arbeitende Mann ist in der Gesellschaft sozusagen (noch) nicht vorgesehen. Hier wird also mehr oder weniger Neuland betreten – mit all den Risiken und Schwierigkeiten, die Neuerungen, Umdenken mit sich bringen. Der Mann, der in seiner Firma um eine Halbtagsstelle nachsucht, läuft Gefahr, nicht länger ernst genommen zu werden, denn Firmenleitungen wünschen sich in aller Regel den Tag und Nacht einsetzbaren Mitarbeiter. Doch scheint diese Denkweise langsam an Einfluß zu verlieren. Wie bereits erwähnt, wächst das Bedürfnis nach Arbeitszeitmodellen, die mehr Zeit für die Familie lassen. Entsprechend findet man auch zunehmend Bereitschaft bei den Arbeitgebern, diesem Bedürfnis bis zu einem gewissen Grad Rechnung zu tragen. „Karriere“ im herkömmlichen Sinn kann man „halbtags“ allerdings nach wie vor nicht machen. Wer sich für eine Halbtagsarbeit entschließt, verzichtet damit auf eine (später mögliche) Führungsposition. Ein Tip für das Gespräch mit den Vorgesetzten: Man sollte den Halbtagsjob zeitlich begrenzen – und das auch vertraglich absichern. So signalisiert man der Firmenleitung, daß man es mit seiner beruflichen Perspektive nach wie vor ernst meint – und hält sich die Option offen, später, wenn das Kind größer geworden ist, doch wieder ganztags einzusteigen.

Die zentrale Frage aber ist die nach dem Geld: Man wird sorgfältig rechnen müssen. Der größere Freiraum kostet Einkommen. Zu bedenken ist, ob man sich diesen Freiraum überhaupt leisten kann. Und wenn ja, ob man sich ihn leisten *will.* Eine wichtige Entscheidung, die dem Paar niemand abnehmen kann.

Wie man sich auf den ersten Arbeitstag vorbereitet

Nehmen wir den (bislang) gängigsten Fall: Die Frau hat den Erziehungsurlaub teilweise oder ganz ausgeschöpft und will nun wieder in ihren Beruf zurückkehren. Sie freut sich auf den Wiedereinstieg. Weil ihr der Beruf Spaß macht, weil sie sich von der außerhäuslichen Tätigkeit zusätzliche Anregungen verspricht, weil sie Geld verdienen will und muß. Und doch mischen sich auch Gefühle der Bangigkeit in ihre erwartungsvolle Zuversicht. Diese Bangigkeit speist sich aus vier Ungewißheiten: Wie wird das Kind mit seiner neuen Situation (Betreuung durch Dritte) zurechtkommen? Wie wird die Hausarbeit in der verbleibenden knappen Zeit zu bewältigen sein? Wie wird sich der Wiedereinstieg mit all seinen Begleitumständen auf die Partnerschaft auswirken? Und nicht zuletzt: wie wird das Wiedereinleben in den Beruf vonstatten gehen? Klar, daß sich angesichts von soviel Neuem, Unerprobtem auch Ängste einstellen. Als Trost mag gelten, daß es Jahr um Jahr Hunderttausende Frauen sind, die diese Hürde nehmen. Aus ihren Erfahrungen wissen wir, daß eine sorgfältige Vorbereitung auf den Tag X hilfreich ist.

■ Vor dem Tag X: Das Stichwort heißt „Entzerrung"

Das bedeutet, den eigentlichen Zeitpunkt des Wiedereinstiegs, so gut es geht, von zusätzlich Belastendem freizuhalten, um seine Kräfte wirklich auf die beruflichen Belange konzentrieren zu können. Gehen wir die Sache Punkt für Punkt durch:

☐ *Die Kinderbetreuung*. Der erste Arbeitstag darf nicht mit dem ersten Krippen-/Kindergarten-/Tagesmutter-/Kinderfrau-Tag identisch sein. Für welche Form der Kinderbetreuung man sich auch entscheidet – das Kind sollte sich bereits gut eingewöhnt haben (die Mutter also vollkommen beruhigt sein dürfen), ehe sie sich dem Streß des beruflichen Neubeginns aussetzt.

☐ *Der Haushalt*. Hier kann man dadurch Vorbereitungen treffen, daß man genau auflistet, welche Arbeiten täglich beziehungsweise wöchentlich anfallen. Diese Liste sollten Frau und Mann gemeinsam aufstellen – erstens, damit der Partner, der bislang weniger mit dem Haushalt befaßt war, ein vollständiges Bild von den hauswirtschaftlichen Aufgaben bekommt; und zweitens, um gemeinsam zu einer strafferen Organisation zu kommen. Alles Überflüssige hat zu entfallen. Steht die Liste, kann man die Arbeit aufteilen – und schon mal einen Probelauf fahren. Um hoffentlich festzustellen: halb so schlimm!

☐ *Die Partnerschaft*. Sie wird dann keinen Schaden nehmen, wenn beide Partner sich einig sind, wenn der Mann also voll hinter seiner Frau steht und alle Konsequenzen ihrer Entscheidung mitträgt. Zum Glück ist das heute der Regelfall. Die Zeiten, in denen der Mann Standpunkte vertrat: „Wenn Du unbedingt einem Beruf nachgehen willst, bitte schön, aber ich halte mich da raus“, die sind vorbei. (Hoffentlich!)

■ Der Tag X: Rückkehr in den Beruf

Bei voller Ausnutzung des Erziehungsurlaubes findet dieser Tag drei Jahre nach dem Start in den Mutterschutz statt. Zur Erinnerung noch einmal die Rechtslage (vergleiche hierzu auch Kapitel 1): Die Erziehungsurlauberin befindet sich nach wie vor in ungekündigter Stellung. Während des Mutterschutzes und des Erziehungsurlaubs besteht Kündigungsschutz. Wichtig: Der Kündigungsschutz greift auch insofern, als während des Mutterschutzes und des Erziehungsurlaubs grundsätzlich nicht gekündigt werden kann – auch nicht auf einen Termin nach dem Erziehungsurlaub bezogen. Die Rückkehrerin hat somit Anspruch auf ihren alten oder einen gleichwertigen Arbeitsplatz. (Da sich an dem Begriff „gleichwertig“ immer wieder Streitigkeiten – bis hin zu Arbeitsgerichtsprozessen – entzünden, empfiehlt sich eine möglichst detaillierte Arbeitsplatzbeschreibung. Diese sollte bereits vor Antreten des Mutterschutzes angefertigt, von Arbeitnehmer wie Arbeitgeber für verbindlich erklärt und den Arbeitsunterlagen hinzugefügt werden. Im Falle von Meinungsverschiedenheiten beim Wiedereinstieg kann ein solches Papier gute Dienste leisten.)

Der Arbeitgeber hat bei Antritt des Erziehungsurlaubes Anspruch darauf, daß ihm mitgeteilt wird, wie lange der Erziehungsurlaub dauern soll. Nicht alle Mütter oder Väter nutzen ja die volle Zeit aus. Dieser genannte Termin gilt als verbindliches Rückkehrdatum. Er hat Vertragscharakter. Will die Frau/der Mann davon abrücken – also früher oder auch später als vereinbart an den Arbeitsplatz zurückkehren –, so ist das mit dem Arbeitgeber zu besprechen. Ein Rechtsanspruch auf den neuen Termin besteht nicht. Es kann ja sein, daß eine Vertretung unter den alten

Bedingungen eingestellt wurde, deren Vertrag Vorrang hat. Der Termin der Rückkehr steht also frühzeitig fest. Der Anspruch auf den alten Arbeitsplatz ist unbestritten. Dennoch sollte man nicht wie vom Himmel gefallen auf der Matte stehen, vielmehr den Wiedereinstieg klug angehen.

□ *Das Allerbeste: während des Erziehungsurlaubs regelmäßig Kontakt zu halten;* mit den alten Kollegen zu telefonieren; an Betriebsfestlichkeiten teilzunehmen; Vertretungen zu machen; betriebliche Weiterbildungsmaßnahmen zu nutzen. (Siehe dazu auch „Kontakt halten zu Kollegen und Vorgesetzten", Kapitel 1.)

□ *Empfehlenswert: in Eigeninitiative am Ball zu bleiben.* Also Fachliteratur zu nutzen, einschlägige Wochenendseminare zu besuchen (sofern die Kinderbetreuung geregelt ist), Volkshochschulkurse zu belegen, die Bildungsprogramme der Gewerkschaften wahrzunehmen.

□ *Wichtig: von Zeit zu Zeit gegenüber der Personalleitung der alten Firma den Rückkehrwillen zu bekräftigen und den vereinbarten Termin zu bestätigen.* Das kann telefonisch geschehen; spätestens zwei, drei Monate vor dem Wiedereinstieg sollte man sich auch schriftlich äußern. Die Arbeitnehmerin ist zwar nicht dazu verpflichtet, aber diese freiwillige Geste nützt ihr und der Firma: Ihr, weil sie nun sicher weiß, daß man sich auf ihre Rückkehr einstellt, der Firma, weil sie die Personalplanung erleichtert. Denn während der Arbeitgeber für die Dauer von Mutterschutz und Erziehungsurlaub *nicht* kündigen kann, steht der jungen Mutter die Kündigung jederzeit frei. Das bedeutet für den Betrieb eine gewisse Unsicherheit. Wer also gern wieder an seinen alten Arbeitsplatz zurückkehren will, weil er dort in der Vergangenheit unter guten Bedingungen arbeiten konnte, und wessen Hoffnung berechtigt ist, daß das auch in Zukunft so sein wird, der sollte für klare Verhältnisse sorgen.

□ *Geschickt: spätestens zwei, drei Wochen vor der Rückkehr in der Firma einen Besuch zu machen, offiziell und angemeldet – bei den Kolleginnen und Kollegen, bei den Vorgesetzten.* Wahrscheinlich sind alte Kollegen gegangen, neue eingestellt worden, vielleicht muß man sich mit neuen Vorgesetzten, veränderten Arbeitsabläufen, anderen Räumlichkeiten bekannt und vertraut machen. Dieser Vorab-Besuch könnte auch genutzt werden, um notwendige Schulungen (zum Beispiel für den Umgang mit dem neuen Computer) zu vereinbaren. Alles unter der Prämisse: Je genauer man weiß, was und wer einen erwartet, um so niedriger ist die Hürde des Neubeginns.

■ Tips für den ersten Tag

Das rät die Münchner Diplom-Psychologin und Familientherapeutin Brigitte Lämmle: Herzklopfen nicht leugnen. Es gehört dazu und ist normal. Schließlich beginnt ein neuer, wichtiger Abschnitt des Lebens.
Überflüssige Bedenken über Bord kippen. Junge Mütter sind ja während der zurückliegenden Jahre nicht stehengeblieben; haben vielmehr – und nicht zuletzt durch die Beschäftigung mit ihrem Kind – eine Fülle neuer Qualifikationen hinzugewonnen oder ausgebaut: Organisationstalent, Flexibilität, Einfühlungsvermögen, Geduld, Beharrlichkeit. Ihre Belastbarkeit ist gewissermaßen sturmerprobt. Und das ist die beste Voraussetzung dafür, sich rasch einzuarbeiten.
Alten Zeiten nicht nachweinen. Während der Abwesenheit hat sich mit großer Wahrscheinlichkeit manches verändert: Menschen, Konstellationen, Arbeitsgeräte, Arbeitsabläufe. Wiedereinsteiger(innen) sollten der „guten alten Zeit“ nicht nachtrauern und abwertende Kommentare vermeiden wie: Früher haben wir das aber alles ganz anders (sprich: besser) gemacht.
Statt dessen sollten sie sich positiv auf die *neuen* Verhältnisse einstellen; nur so können sie ihre Kräfte auf das konzentrieren, worauf es *jetzt* ankommt.

4. Kapitel

Ein Familienleben, das allen gerecht wird

Die Dreifach-Belastung berufstätiger Mütter

Die Dreifach-Belastung berufstätiger Mütter – ausgelöst durch ihr *berufliches Engagement* und die ihnen auferlegte oder auch freiwillig übernommene Alleinverantwortung für *Kind* und *Haushalt* – wird immer wieder beklagt. Selten wird jedoch ausgesprochen, was sie wirklich ist: eine Zumutung und ein Skandal. Und zwar ein Skandal in einem Ausmaß, das die Frage gestattet, ob nicht der Reichtum und der Entwicklungsstand dieser Gesellschaft zu einem wesentlichen Teil auf der Ausbeutung der Frauen und Mütter beruht.

Man muß sich das wirklich einmal vor Augen führen: Da bekommt ein Paar ein Kind, und während der Vater an seinen Arbeitsplatz zurückkehrt, mit den Kollegen eine Flasche Schampus auf den neuen Erdenbürger leert und im übrigen zur Tagesordnung übergeht, obliegt es der Mutter, die Pflege des Kindes zu gewährleisten. Außerdem hat sie mit größter Selbstverständlichkeit den nun umfangreicher gewordenen Haushalt zu bewältigen und oft auch ihre berufliche Tätigkeit fortzusetzen, weil der Mann allein die Familie gar nicht unterhalten kann.

Während also für den Mann alles mehr oder weniger beim alten bleibt, sieht sich seine Frau einer Situation ausgesetzt, die mit dem Begriff Dreifach-Belastung nur unzureichend beschrieben ist. Daß dieses System auch in den modernen Gesellschaften noch immer funktioniert, ist eigentlich unbegreiflich. Die traurige Aktualität des Problems illustrieren zwei Zahlen aus der neuesten Statistik: Die berufstätigen Mütter arbeiten im Schnitt 35 Stunden pro Woche im Haushalt, die berufstätigen Väter 13 Stunden. Das bedeutet für die Frauen mit Halbtagsjob die 55-Stunden-Woche, bei Vollzeitbeschäftigung die 75-Stunden-Woche, für Männer höchstens die 53-Stunden-Woche. Als kleiner Trost mag gelten: Statistiken beschreiben die Realität nur ungenau. In Wirklichkeit gibt es zum Glück immer mehr Männer, die sich (paritätisch) an Haushalt und Kinderbetreuung beteiligen; während allerdings andere Männer sich nach wie vor gänzlich heraushalten.

Die Dreifach-Belastung der berufstätigen Mütter hat ihre Wurzeln in einer Zeit, die spätestens mit Inkrafttreten des Ersten Ehereformgesetzes im Juli 1977 zumindest offiziell für beendet erklärt wurde.

Bis zu jenem Sommer 1977 gab das (1946 formulierte) Ehegesetz eine ganz bestimmte Aufgabenteilung vor: Der Mann war vorrangig für den Broterwerb zuständig, die Frau für Kindererziehung und Haushalt. Einer Berufstätigkeit durfte sie – nach der Vorstellung der Gesetzgeber – nur dann nachgehen, wenn der Mann dem zustimmte. Und wenn sie ihre eigentlichen Aufgaben – nämlich Kindererziehung und Haushalt – erfüllt hatte. Schon damals ließen viele Paare Gesetz Gesetz sein und regelten ihr Leben nach eigenem Gutdünken. Doch sehr viel mehr Menschen handelten im Sinne dieses Gesetzes. Und das nicht etwa, weil sie sich unbedingt gesetzestreu verhalten wollten (die allerwenigsten Ehepaare wissen ja, was sie tun, wenn sie heiraten, sprich: sie kennen die einschlägigen Gesetze gar nicht), sondern weil der Gesetzestext ihren eigenen Vorstellungen entsprach. Die Dreifach-Belastung der berufstätigen Mütter konnte so gar nicht ausbleiben. Ging eine Mutter außer Haus einem Broterwerb nach, so sollte der Ehemann möglichst wenig davon merken. Das aufgebesserte Familienbudget genoß er zweifellos, aber alles übrige war/blieb Frauensache: die Erziehung des Kindes, die Unterbringung des Kindes während der Abwesenheit der Mutter, und Putzen, Kochen, Waschen sowieso. Die Folge war millionenfach das sattsam bekannte und Mann wie Frau zutiefst beschämende Ehe-Szenario: Während der von der Arbeit zurückkehrende Mann alle viere von sich streckt – so wie sein Vater und sein Großvater es auch schon immer taten –, putzt, kocht, wäscht die von der Arbeit heimkehrende Frau, das Kind am Rockzipfel. Die Frauen wachten als erste auf. Kein Wunder, schließlich trugen sie die Hauptlast einer Entwicklung, die sicher niemand explizit so gewollt hatte, die zu stoppen aber zunächst noch der (politische) Wille fehlte. Mitte der sechziger Jahre kam es zur ersten Welle der vor allem von den Frauen provozierten Scheidungen. (Die zweite lief Anfang der achtziger Jahre.) Frauen hatten die Nase voll, stiegen aus Ehen aus, die nur noch Belastungen für sie darstellten. Ihre immer wieder vorgetragene Begründung: *Allein* mit Beruf, Kind und Haushalt habe ich weniger Arbeit als *mit Mann*. Diese massenhaft getroffene Aussage beschreibt das Absurde der Situation mit schmerzhafter Genauigkeit. Was muß alles schiefgelaufen sein, ehe es zu einer solchen Feststellung kommen kann, die den Sinn der Ehe (die ja immer auch zu gegenseitiger Fürsorge und Unterstützung verpflichtete und verpflichtet) geradezu auf den Kopf stellt.

Im Juli 1977 schließlich kam das gründlich erneuerte Eherecht. Nicht vom Himmel gefallen natürlich, vielmehr Ausdruck eines veränderten

Bewußtseins, zumindest eines Teiles der Bevölkerung. Unter dem Stichwort „Die Hausfrauenehe ist tot" ist seitdem nicht mehr festgelegt, was Mann und Frau in der Ehe zu tun haben. Das Paar ist vielmehr aufgefordert, eine eigene Rollenverteilung für sich zu finden. Ob er oder sie einem Broterwerb nachgeht, die Kinder betreut, den Haushalt in Schwung hält und wie beide die notwendigen Arbeiten untereinander aufteilen, das ist alleinige Sache des Paares. Einzige (gesetzliche) Richtlinie: *Beide* Partner müssen angemessen zum Unterhalt der Familie beitragen (wobei dieser Beitrag nicht unbedingt Broterwerb sein muß, sondern auch in der Betreuung der Kinder und des Haushaltes bestehen kann). Und: die Lasten müssen *gleichmäßig* auf Mann und Frau verteilt sein. Ein tolles Programm! Wenn auch leider noch immer viel zu selten verwirklicht.

■ Warum das Problem „Lastenverteilung" so schwer zu knacken ist

Da ist zuallererst die Macht der Gewohnheit. Seit Anbeginn der Menschheitsgeschichte oblagen dem Mann die Außengeschäfte (Nahrungsmittelbeschaffung, Verteidigung seiner Sippe), während die Frau fürs Innere zuständig war (Kinderaufzucht, Zubereitung der Mahlzeiten, Kleiderherstellung).

Grob betrachtet ist das bis zum Beginn dieses Jahrhunderts so geblieben – erst 1918 konnten ja zum Beispiel die Frauen in der Frankfurter Paulskirche das ihnen soeben zuerkannte Wahlrecht feiern. Diese Prägung wirkt bis heute nach. Nicht nur bei den Männern, auch bei den Frauen, denn junge Mütter leiden beispielsweise häufig daran, daß sie für ihr Kind nicht länger die Nummer 1 sind, wenn größere Teile der Betreuung von Dritten übernommen werden. Gleichwohl sind es vor allem die Frauen, die den Finger auf die Wunde legen und ihr verbrieftes Recht auf Gleichberechtigung (mit all seinen Konsequenzen) reklamieren. Die Männer zögern (in der Regel) so lange, wie es ihnen gestattet wird, ehe sie in Sachen Familienarbeit ihren Part übernehmen. Die Ehrlichen unter ihnen bekennen auch, nur höchst ungern auf ihre Privilegien zu verzichten. Die Chance einer breiter angelegten Persönlichkeit, eines Mehr an Gefühlserleben durch die intensivere Beschäftigung mit ihrem Kind erscheint ihnen, da noch weitgehend unerprobt, meist als fragwürdiger Ausgleich.

Doch nicht nur die Gewohnheit, das seit Jahrtausenden kulturell Eingeübte, tief ins Bewußtsein Eingesickerte steht allzu häufig einer raschen,

reibungslosen Anpassung an zeitgemäße Lebensformen entgegen. Es ist auch der berufliche Alltag selber, der eine Verbindung zwischen Berufsarbeit und Familienarbeit so schwierig macht. Das hängt nicht zuletzt damit zusammen, daß heute „Berufsarbeit ihrer inneren Struktur gemäß nach wie vor ein Anderthalb-Beruf (ist), und das heißt: nach Quantität und Qualität ihrer Anforderungen so organisiert, daß sie auf die Anforderungen der privaten Alltagsarbeit kaum Rücksicht nimmt. Sie setzt stillschweigend voraus, daß der Berufstätige die Zuarbeiten anderer Personen in Anspruch nehmen kann." (So Elisabeth Beck-Gernsheim in ihrem Buch „Das halbierte Leben", Frankfurt 1980).
Diese Zuarbeiten erbrachte in der Vergangenheit die Ehefrau (und erbringt sie vielfach auch heute noch). Sie besorgte dem Mann den Haushalt, zog die Kinder auf und befreite ihn damit von jeglichen Alltagssorgen, auf daß er sich unbelastet seiner beruflichen Tätigkeit widmen konnte. Die „innere Struktur" der Arbeit ist bis heute weitgehend die alte geblieben – doch heute sind (vielfach) beide Partner berufstätig; was (auch) bedeutet: keiner von beiden kann die Zuarbeit seines Partners in Anspruch nehmen. Jeder steht in diesem Punkt für sich allein. Aus diesem Blickwinkel wird einmal mehr deutlich, wie belastet berufstätige Eltern sind – und welches Organisations- und Koordinationstalentes es bedarf, Berufs- und Familienleben unter einen Hut zu bringen.
Erschwerend kommt hinzu, daß es – in den alten wie den neuen Bundesländern – an öffentlichen Betreuungseinrichtungen für Kinder fehlt und die private Lösung (Kinderfrau, Au-pair-Mädchen) für viele Paare nicht erschwinglich ist. Fazit: Es bedarf beträchtlicher Hartnäckigkeit und eines klaren Konzeptes, trotz all der genannten inneren und äußeren Widerstände ein Lebensmodell in die Tat umzusetzen, das wirklicher „Gleichberechtigung" entspricht.

Abschied nehmen vom Perfektionismus

Es kommt darauf an, sich die drei eben genannten „Fallen" bewußt zu machen – und sie entschlossen zu umgehen. Also der uralten, tiefverinnerlichten Denkgewohnheit „der Mann draußen und die Frau drinnen" *nicht* anheimzufallen; anläßlich unzeitgemäßer Arbeitsstrukturen und des Mangels an Kinderbetreuungseinrichtungen *nicht* zu resignieren; statt dessen ein auf die eigenen Bedürfnisse zugeschnittenes Lebenskonzept zu entwickeln. Ein Konzept, das allen Beteiligten ein Maximum an persönlicher Entwicklung sichert, ein Konzept, das es Vater, Mutter und Kind erlaubt, sich wohl zu fühlen.

Das ist nicht einfach und erfordert Mut und Beharrlichkeit gegenüber einer Mitwelt, die längst nicht immer mitzuziehen bereit ist. Was (auch) heißt: Das Elternpaar hat noch kaum Vorbilder, an denen es sich orientieren könnte. Im Gegenteil: Die eigenen Eltern schlagen womöglich die Hände über dem Kopf zusammen, wenn man beschließt, das Kind in die Krippe zu geben. Der Chef erklärt kategorisch: Teilzeitarbeit gibt es bei mir nicht! Und die Nachbarn tuscheln: Rabeneltern …

Doch eingedenk der Tatsache, daß das eigene Wohlbefinden damit steht und fällt, inwieweit man mit sich selber (und der eigenen Situation) im reinen ist, darf, ja sollte man sich selber und den eigenen Lebensentwurf wichtiger nehmen als all die Widerstände und Schwierigkeiten. Wie gut oder schlecht der eigene Entwurf funktioniert, hängt (auch) mit ganz alltäglichen Dingen zusammen. Der Organisation des Haushaltes zum Beispiel. Auch hier ist neues Denken gefragt.

■ Den Haushalt sachgerecht organisieren

Bevor ein Kind da ist, spielt der Haushalt im Leben eines Paares eine eher untergeordnete Rolle. Mann und Frau sind tagsüber mehr oder minder außer Haus. Nach Arbeitsschluß trifft man sich mit Kollegen und Freunden zum Sport, zur Weiterbildung, man geht ins Kino, besucht Verwandte. Gekocht wird meist nur unregelmäßig, womit sich gleichzeitig Einkaufen, Geschirrspülen, Herdputzen reduzieren, kurz: der Haushalt kann in vielen Fällen mehr oder weniger nebenbei erledigt werden. Das Interessante daran: In gut 70 Prozent der jungen Ehen und Partnerschaf-

ten (ohne Kinder!) werden die anfallenden Haushaltsarbeiten – laut Statistik – noch annähernd gerecht zwischen Mann und Frau aufgeteilt. Erst wenn es ernst wird, sprich: in Arbeit ausartet, weil nun ein Kind da ist, kommt es zu dem sattsam bekannten Ungleichgewicht.
Der eher lockere Umgang mit dem Haushalt zweier berufstätiger Partner findet mit der Geburt des Kindes (in der Regel) ein jähes Ende. Im selben Augenblick, da die Eltern, aus der Klinik kommend, ihr Kind in sein wohlvorbereitetes Bettchen legen, bekommt die Wohnung eine zusätzliche Bedeutung. Sie ist nun nicht mehr nur die Heimstatt eines Paares, das diese häufig genug nur zum Schlafen aufsuchte, weil sich große Teile seines Lebens „draußen" abspielten, sondern sie wird jetzt die erste Lebenswelt eines Kindes. Konkret heißt das, daß die Wohnung von jetzt an viel intensiver genutzt werden wird. Daß mehr gekocht wird, mehr Besucher ein und aus gehen. Die Wohnung wird (spätestens jetzt) zum Zentrum der Familie. Das aber heißt (auch): Es ist mehr darin zu tun als bisher. Bereits vor der Geburt des Kindes, vorsorglich gewissermaßen, die anfallenden Arbeiten aufzulisten und unter den beiden Partnern aufzuteilen nützt allerdings wenig, denn *erst jetzt* ist die Stunde der Wahrheit. Erst im konkreten Fall läßt sich exakt ermessen, welche Arbeiten tatsächlich erledigt werden müssen und welche man sich sparen kann. Hier nun gilt es, so pragmatisch wie nur irgend möglich vorzugehen. Schließlich geht es (spätestens nach Mutterschutz und Elternurlaub) darum, in nur knapp bemessener Zeit sicherzustellen, daß der Haushalt funktioniert. Hilfreich können sein:

☐ *ein Speiseplan,* der einmal in der Woche aufgestellt wird;
☐ *ein daraus resultierender Einkaufszettel* als Basis für den wöchentlichen Großeinkauf;
☐ *eine Auflistung des Monatsbedarfs an Baby-Artikeln* (Puder, Cremes, Zellstoff, Windeln usw.) für den monatlichen Großeinkauf (sofern ein Auto vorhanden ist);
☐ *ein verbindlicher Plan fürs Putzen und Waschen.* Etwa so: Mittwoch und Samstag Bad und Klo putzen. Montag und Freitag Böden saugen. Montag, Mittwoch und Freitag Wäsche waschen. (Jetzt empfiehlt sich die Anschaffung einer Geschirrspülmaschine oder auch eines Wäschetrockners, um sich das Aufhängen der Babywäsche zu ersparen. Außerdem kann man durch exaktes Legen und Falten die Menge der Bügelwäsche reduzieren!);

☐ *eine Liste der täglichen Arbeiten* wie Kochen, Geschirrspülen, Küchenboden putzen, Aufräumen usw.

Die Pläne ans „Schwarze Brett“ hängen – und mit jeweils dem Namen dessen versehen, der die Arbeit übernimmt. So hat man einen guten Überblick über das, was getan werden muß – und jeder weiß, was er/sie zu tun hat. Die ach so beliebte (vornehmlich männliche) Ausrede „Ich hab' einfach nicht daran gedacht“ entfällt.

☐ *Wichtig für den Familienfrieden:* das gemeinsame Anfertigen der Listen, das gemeinsame Besprechen, wer welche Arbeit erledigt, und das Vertrauen in den Partner, daß er/sie die übernommene Verpflichtung auch einhält. Zu welchem Zeitpunkt, zu welcher Tageszeit die Arbeit gemacht wird, muß dem einzelnen überlassen bleiben. Wenn der eine Lust hat, nachts um eins das Klo zu scheuern, wenn der andere morgens um halb sechs die Waschmaschine anwirft (solange das die Hausordnung zuläßt) – bitteschön. Die Hauptsache ist, es funktioniert.

Auch sollte die Frau keinesfalls die Rolle der Hauptverantwortlichen und „Haushaltsmanagerin“ übernehmen, die womöglich das Einhalten des Plans kontrolliert, die Qualität der Arbeit bewertet. Diese Haltung vieler Frauen hat in der Vergangenheit so manchen zunächst durchaus kooperativen Mann dazu veranlaßt, sich aus der Haushaltsarbeit wieder zurückzuziehen. Heute sollte es selbstverständlich sein, daß sich ein Paar die Verantwortung teilt: die des Geldverdienens, die der Betreuung des Kindes – und die der Bewältigung des Haushaltes. Im selben Moment, in dem die Frau ins alte Muster zurückfällt und Haushalt und Kind als vornehmlich ihre Aufgabe begreift, macht sie ihren Mann zum „Hansl“, der zwar noch auf Geheiß den Mülleimer runterbringt (oder das Babyfläschchen warm macht) – sich im übrigen aber auf seinen Beruf und seinen „männlichen“ Zeitvertreib konzentriert.
Ziel der (gerecht verteilten) Hausarbeit ist *nicht* die Herstellung eines „Schmuckkästchens“ oder eines „Puppenheims“, sondern eines gemütlichen, praktischen Zuhauses für das Leben in der Familie.

☐ *Räume neu aufteilen. Möbel umstellen.* In der Praxis des Lebens zu dritt kann sich herausstellen, daß die Raumaufteilung, die Anordnung der Möbel nicht familiengerecht ist. Was dem kinderlosen Paar gut anstand, muß nicht unbedingt einem Leben mit Kind dienlich sein. Bei der dann notwendigen Umgestaltung der Wohnung sollte man sich ausschließlich von den neuen Bedürfnissen und Notwendigkeiten leiten lassen. Ein Beispiel: Das gemeinsame Abendessen nach Arbeitsschluß der Eltern und der Rückkehr des Kindes aus der Kindertagesstätte oder von der Tagesmutter wird zur zentralen Begegnung der Familie. Man ißt in Muße, schließt bis zum Ins-Bett-Gehen des Kindes eine Spielphase an, betrachtet Bilderbücher, legt Puzzles, spielt Brettspiele. Und das Ganze am viel zu kleinen Küchentisch? (Einen größeren lassen die Maße der Küche nicht zu. Das größere Wohnzimmer aber enthält nur die elegante Sesselgruppe, den niedrigen Glastisch – alles Möbel, die für das Spielen mit einem Kind gänzlich ungeeignet sind.) In einem solchen Fall wird man das Wohnzimmer mit einem massiven, großen Tisch ausstatten müssen – auch wenn nun die reizvolle „Weite des Raumes" verlorengeht. Aber ein Leben mit Kindern hat seine eigenen Gesetze. So wird vielleicht auch die teure Biedermeierkommode – erlesene Zierde der Diele – vorläufig auf den Speicher verbannt, damit Platz für eine unter der Decke angebrachte Schaukel ist. Und Bücher, Vasen, kostbare Schmuckgegenstände, bislang in niedrigen Regalen „greifbar", werden an kindersicherem Platz untergebracht.

□ *Bei alledem geht es vor allem darum, unnötigen Streß zu vermeiden.* Die Anzahl der Dinge, von denen man das Kind fernhalten muß – entweder, weil sie so kostbar sind oder weil sich das Kind daran verletzen könnte –, sind, soweit es irgend geht, zu reduzieren. Nicht nur, um dem Kind permanente Reglementierung zu ersparen, sondern auch um der eigenen inneren wie äußeren Ruhe willen.

Daß das Kinderzimmer nicht ausgerechnet der kleinste Raum der Wohnung sein sollte (wie von einfallslosen Architekten selbst noch in Neubauten vorgesehen), versteht sich eigentlich von selber, damit sich auch die Eltern gern im Kinderzimmer aufhalten.

Kinder brauchen Bewegungsfreiheit – viel mehr als Erwachsene; die sich mit einem winzigen Arbeits- oder Schlafzimmer viel leichter arrangieren können.

Wie schon beim Thema Hausarbeit, so geht es auch bei der Gestaltung der Wohnung in erster Linie darum, eine Atmosphäre herzustellen, in der ein entspanntes Familienleben stattfinden kann. Nicht zuletzt angesichts des komplizierten Alltags berufstätiger Eltern (und eines Kindes, das zeitweise von Dritten betreut wird) ist ganz besonders darauf zu achten, daß das Umfeld stimmt.

■ Das Familienleben bewußt genießen

Leben mit Kindern ist anders. Ganz anders, als man sich das vorher ausmalt. Denn es ist ja nicht so, daß durch ein Kind dem bisherigen Leben nur etwas hinzugefügt würde und sonst alles beim alten bleibt. Nein, das Kind krempelt das Leben seiner Eltern gleichsam um, in der elterlichen Wohnung entsteht ein völlig neues Gefüge. Das mag banal klingen und ist es vielleicht auch. Gleichwohl wird es vielen Eltern nicht wirklich bewußt. Und anstatt sich diesem Neuen zu öffnen – voller Spannung, Neugierde, Freude –, beklagen sie die Verluste. Den Verlust, an den Wochenenden bis weit in den Vormittag hinein schlafen zu können; den Verlust des endlosen stillen Sonntagsfrühstücks mit der dicken Wochenendzeitung; den Verlust, von einer Minute auf die andere aufbrechen zu können, zum Tanzen, in die Kneipe, zu einem Ausflug aufs Land – um nur einige Beispiele zu nennen. Diese Defizit-Gefühle aber behindern (oder verhindern gar) die notwendige Regeneration, die ja nach Feierabend, an den Wochenenden, in den Ferien stattfinden muß, wenn man gesund bleiben will. Statt Entspannung beginnt ein (gar nicht so selten) erbitterter Kampf, um zumindest Teile des Gewohnten zu erhalten – allen widrigen Umständen zum Trotz. Jeder kennt die Szene: Da sitzt der Vater (seltener die Mutter) hinter der riesig entfalteten Zeitung – und das Kind, das die „Flucht" des Vaters selbstverständlich mit seismographischem Feingefühl registriert, aber keinesfalls hinnehmen kann, spielt, neckt, wirbt um die Aufmerksamkeit des Vaters, zerrt, quengelt, schreit schließlich, der Vater schreit zurück, das Kind weint, der Vater schließt entnervt die Zeitung. Unglück. Legte es jemand bewußt darauf an, Erholung in Streß zu verwandeln – dies wäre sicher eine der erfolgversprechendsten Methoden.

Der einzige Ausweg: die Herausforderung, die ein Kind bedeutet, bewußt anzunehmen, sich positiv auf das Neue einzustellen. Das gilt für alle Eltern, seien sie nun berufstätig oder nicht. Im Falle der Berufstätigkeit des Vaters und der Mutter (einer ganz erheblichen täglichen Belastung also, die ja auch das Kind mitzutragen hat) aber *muß* es gelingen, die selbstbestimmte Zeit zu einem Kraftquell zu machen. Damit steht und fällt gewissermaßen das so sorgfältig in Szene gesetzte eigene Modell. Am glücklichsten sind jene Väter und Mütter, die sich selbst beim Schopfe fassen, sich mit kühnem Sprung aus den alten Gewohnheiten (und Fesseln) herauskatapultieren können, um das Neue kennenzulernen. In solcher Atmosphäre wird sonntags früh zur Kissenschlacht geblasen, wird das Morgenbad zur Abenteuerreise, ist auch schlechtes Wetter kein Grund, nicht auszugehen, mit dem Ball, dem Dreirad, den Sandkisten-Utensilien; in solcher Atmosphäre laufen, springen, klettern Kind und Eltern um die Wette, bringen das schnelle Mittagessen gemeinsam auf den Tisch, betten die Eltern das Kind zu seinem Mittagsschlaf – um nun ihrerseits ein, zwei Stunden alle viere von sich zu strecken, zu trödeln, zu lesen, je nach Gusto. Geschirrspülen, Aufräumen, das kommt später, wenn das Kind wieder wach und die Stille ohnehin vorüber ist. Dann wird die notwendige Arbeit zur vergnüglichen Gemeinschaftsaktion umgemünzt, mit dem Kind als „Helfer".

□ *Spaß am Zusammenleben statt Perfektion* – genau dies ist der Schlüssel zum Erfolg des neuen Lebensmodells. So unerläßlich einerseits der möglichst reibungslos funktionierende Haushalt, die möglichst robuste, praktische Einrichtung sind, so überflüssig sind alle Übertreibungen und ästhetischen Finessen. Die Wohnung ist keine Ausstellung – vielmehr das Zuhause dreier dynamischer Personen: zweier Erwachsenen und eines kleinen Kindes. Das darf man sehen. Das ist auch Besuchern zuzumuten, ganz gleich, zu welcher Tageszeit sie kommen. Es gibt keine „richtige" Zeit, eine Arbeit zu verrichten – oder nicht zu verrichten. Jede Zeit ist richtig – oder falsch. Die Bewertung obliegt einzig der Familie selbst.

Daß das Einbeziehen des Kindes in verschiedene Haushaltstätigkeiten diese Arbeiten verlängern, liegt auf der Hand. So wird man vieles eben doch rasch erledigen, wenn das Kind abwesend ist oder schläft. Andererseits hilft die frühe Integration (auch) in die Haushaltsarbeit dabei, das Kind in die eigens für es errichteten Kunstwelten gar nicht erst hineingeraten zu lassen. Kinderzimmer gleichen ja heute nur allzu häufig üppig sortierten Spielzeugläden. Zum Glück scheint der Zenit dieser Entwicklung mittlerweile überschritten. Pädagogen und Kinderpsychologen werben verstärkt für das „richtige Maß" (wie immer das aussieht). Diesem Trend entspricht auch das bewußte Teilhabenlassen des Kindes am Putzen, Waschen, Kochen. Wie ja überhaupt die Zeit vorbei ist, da man schon den Säugling ängstlich abschirmte, ins andere Zimmer verbannte, auf daß er ja seine Ruhe hätte. Gerade das Gegenteil tut ihm gut: die

Geräusche, Stimmen, Bilder, die ihm das wohlige Gefühl vermitteln, dazuzugehören.

☐ *Wochenende: Endlich ein bißchen mehr Zeit für das Leben zu dritt.* Das Wochenende ist nach dem „Marathon“ durch die Woche natürlich hoch willkommen, nicht selten heiß ersehnt. Denn so intensiv man die Familienabende während der Woche auch nutzt, die richtige, behagliche Muße mag/kann sich nicht einstellen. Dafür ist die Zeit zu kurz, wollen zu viele Dinge erledigt sein. Also setzt man seine Hoffnungen auf das Wochenende. Das Wochenende soll gewissermaßen für Ausgleich sorgen. Für Ausgleich zwischen Wunsch und Wirklichkeit. Die Wunschliste im Hinblick auf das Wochenende ist beträchtlich. Man wünscht sich

- *Zeit mit der Familie;*
- *Zeit für sich selber;*
- *Zeit, um liegengebliebene Arbeiten zu erledigen;*
- *Zeit, um Vorbereitungen für die neue Woche zu treffen.*

Die Wunschliste verdeutlicht, daß ganz sicher für eines keine Zeit bleiben wird: für planloses Herumtrödeln. Das heißt, man wird das Wochenende „gestalten“ müssen – um am Ende auch wirklich gestärkt und nicht etwa frustriert aus ihm hervorzugehen.

Fürs Wochenende zu planen macht Spaß. Doch darf die Begeisterung nicht dazu verführen, die zwei oder zweieinhalb Tage nun womöglich heillos zu überfrachten und Erwartungen zu entwickeln, die schon allein mangels (Zeit-)Masse nicht zu realisieren sind.

Die vielzitierten Wochenendkräche und die vermehrte Inanspruchnahme von Familienberatern, Psychotherapeuten, Scheidungsanwälten am Montag sind deutliche Indizien dafür, daß der richtige Umgang mit dem Wochenende offensichtlich nicht jedermanns Sache ist. Psychologen haben deshalb speziell für berufstätige Eltern mit kleinen Kindern eine „Anleitung für ein rundes Wochenende“ entwickelt. Sie kann hoffentlich dabei helfen, den schwierigen Balanceakt zu bestehen. Ein „rundes Wochenende“ kann es werden,

☐ *wenn Mann und Frau gemeinsam planen und das Kind, sofern es bereits groß genug ist, in die Planung mit einbezogen wird;*
☐ *wenn alle Beteiligten ihre Bedürfnisse offen auf den Tisch legen;*
☐ *wenn diese Bedürfnisse von dem/den anderen ernst genommen wer-*

den, wenn jeder also aufrichtig an deren Realisierung beziehungsweise einem fairen Kompromiß interessiert ist;

☐ *wenn die gemeinsame Aktion (etwa ein Ausflug, der Besuch einer Veranstaltung) im Mittelpunkt steht;*

☐ *wenn die notwendigen Arbeiten (Einkaufen, Kochen, Aufräumen usw.) aufgelistet und gerecht verteilt werden;*

☐ *wenn sich jeder der beiden Partner einen besonderen Wunsch erfüllen darf* (Theater/Kino/Freundesbesuch oder in aller Ruhe einen wichtigen Brief schreiben), während der andere die Betreuung des Kindes allein übernimmt;

☐ *wenn Mann und Frau auch mal einen Restaurant/Kino/Theater-Besuch lang als Paar in Erscheinung treten* (und nicht immer nur als Eltern), während ein Babysitter das Kind betreut;

☐ *wenn die Familie auch Kontakte nach außen pflegt,* also Freunde oder Verwandte besucht oder sich Gäste einlädt (nicht zu einem großen Essen natürlich, was nur zusätzliche Belastungen mit sich bringen würde und deshalb besonderen Anlässen vorbehalten bleiben sollte, sondern zu einem Drink, einem Schwatz).

■ Betreuung im Wechsel – damit jeder auch Zeit für sich selber hat

Dieser Aspekt verdient besondere Beachtung – über das eben dazu Gesagte hinaus. Weil er auf eines der ganz großen Probleme verweist. Es passiert nur allzu leicht, daß die „Zeit für sich selber“ auf der Strecke bleibt. Das ist vor allem ein Problem der Frauen. Männer besitzen die weitaus größere Begabung, Freiräume für sich herauszuschlagen. Sie nehmen sich einfach die Zeit, ohne besondere Skrupel, auch wenn alles drunter und drüber geht. Die Frauen, gerade eben erst dabei, die „Dreifach-Belastung“ abzuschütteln, tun sich da wesentlich schwerer. Frauen sind eher geneigt, den familiengestreßten Mann loszuschicken: „Erhol dich, ich komm' schon klar!“, oder ihm tatsächlich einen Tag lang das Kind vom Hals zu halten, damit er seinem Hobby nachgehen kann. Umgekehrt ist das viel weniger der Fall. Das heißt: Frauen müssen auch in diesem Punkt ihre Bedürfnisse ausdrücklich anmelden. Und eben nicht zurückstecken (wie sie es bis heute noch immer allzu häufig tun).

So belegt eine die Verhältnisse in den USA und in Deutschland vergleichende Studie (in *Psychologie heute*, April 1992) daß sich, allen emanzipatorischen Bestrebungen und Bewegungen dort wie hier zum Trotz, die

Mädchen und Frauen nach wie vor immer wieder der traditionellen Rollenzuweisung fügen; also doch lieber erst mal die Wäsche aus der Maschine nehmen oder die Teller aus dem Geschirrspüler, ehe sie sich ein genußvolles Schaumbad erlauben, wenn überhaupt. (Die Dusche tut's ja auch – und dauert nicht mal halb so lange.)

Um ihrer selbst, aber auch um des inneren Gleichgewichtes der Beziehung willen, müssen Frauen hier offensiver werden. Womit nicht einem kühlen Egoismus das Wort geredet werden soll, ganz im Gegenteil: Je wohler sich eine/einer fühlt, um so belastbarer ist sie/er, desto besser wird der komplizierte Alltag (und Feiertag) bewältigt. Wohlbefinden aber speist sich (auch) aus Quellen wie innerer Sammlung, sich selbst etwas Gutes tun, Zeit für sich selber haben.

Sechs Möglichkeiten, das Problem zu lösen

Die folgenden sechs Geschichten sind nicht frei erfunden, sondern authentisch. Sie wollen und können keine Musterbeispiele sein in dem Sinne, daß man sie nur einfach zu kopieren brauchte, um das eigene Problem „Kind & Beruf“ zu lösen.

Denn Lösungen, die auf jeden Einzelfall passen, gibt es nicht. Beispiele, die zeigen, wie Paare es dennoch geschafft haben, ihre ganz individuellen Lebensmodelle zu entwickeln und auch zu praktizieren, können jedoch Anregungen geben. Und Mut machen, die eigene Phantasie und das eigene Organisationstalent zu aktivieren.

■ Die Wohngemeinschaft bietet mehr als nur zwei „Eltern“

Die Mutter ist 27 und Studentin, der Vater 32 und Familienberater, der Sohn ist 2 ½ Jahre alt. Das Kind war nicht geplant. Doch als es sich ankündigte, vertrieben Freude und Neugierde sehr schnell das anfängliche Erschrecken. Die Eltern bewohnten gemeinsam ein Zimmer in einer Wohngemeinschaft. Unmöglich, auch noch ein Kind darin unterzubringen. Die Wohnungssuche erwies sich als höchst kompliziert. Nicht nur, weil preislich erschwingliche Wohnungen bekanntermaßen rar sind, sondern weil sich das Paar folgendes vorgenommen hatte: Es wollte wieder in einer Wohngemeinschaft leben. Zwei weitere Personen (Freunde, zumindest Gleichgesinnte) sollten mit einziehen; Menschen, die Spaß daran hätten, ein Kind aufwachsen zu sehen, und die bereit wären, gelegentlich seine Betreuung zu übernehmen. Großfamilie sozusagen. Während sich diese beiden Menschen (eine Frau, ein Mann, beide Singles) ziemlich rasch fanden, schien die Suche nach einer Wohnung mit fünf etwa gleich großen Zimmern und einer geräumigen Wohnküche lange Zeit schier aussichtslos. Gängige Wohnungen verfügen über ein großes Wohnzimmer, ein kleineres Schlafzimmer und ein, zwei, drei noch kleinere Kinderzimmer. (Genau das aber sollte es nicht sein.) Und die großzügiger, interessanter geschnittenen Luxuswohnungen waren unerschwinglich. Der Geburtstermin stand unmittelbar bevor, als die beharrliche, geradezu erbitterte Suche schließlich doch noch belohnt wurde. Während sich die Mutter in der Klinik vom Kaiserschnitt erholte, bezo-

gen die übrigen Mieter das neue, passende Zuhause. Der Einzug von Mutter und Kind war gleichzeitig die Housewarming-Party. Und die Rechnung ging auf: Das Kind hat vier Menschen, die es gemeinsam oder abwechselnd füttern, windeln, in die Krippe bringen, wieder abholen, mit ihm scherzen, raufen, schimpfen, spielen. Es gibt fünf Zimmertüren mit fünf Namen, von einem Freund kunstvoll aufgepinselt. Einer davon ist der Name des Kindes.
Eine Riesenküche ist das Zentrum dieser Lebensgemeinschaft. Der Tisch in der Mitte ist groß genug, um auch noch Gästen Platz zu bieten. Und die kommen reichlich. Wie im Taubenschlag geht es zu, sagen die Eltern. Und das Kind ist immer mittendrin. Genauso war es geplant. Flankierende Maßnahmen, die es ermöglichen, Studium der Mutter, Berufstätigkeit des Vaters und Erziehung des Kindes zu kombinieren: ein Halbtags-Krippenplatz (der allerdings in der überdurchschnittlich kinderreichen Wohngegend nur mit einem Trick zu ergattern war, nämlich dadurch, daß das Paar *nicht* heiratete und die Mutter sich als „alleinerziehend" vorstellte); und eine reduzierte Berufstätigkeit des Vaters: 32 Wochenstunden an vier Tagen.

■ In fünf Minuten ist jeder an seinem Arbeitsplatz

Die Mutter ist 32 und Anwältin, der Vater, 36, ist ebenfalls Anwalt – beide freiberuflich. Die Tochter ist 15 Monate alt. Während sehr viele Eltern des Kindes wegen ins Grüne ziehen, gaben diese beiden unverzüglich das gemietete Häuschen auf dem Lande auf, um sich eine Bleibe im Stadtzentrum zu suchen. Drei Wochen vor der Geburt des Kindes bezogen sie eine Wohnung, die zwar einige Nachteile – winziges Bad, kein Balkon – aber den einen entscheidenden Vorteil hat: Sie liegt genau auf der Mitte zwischen ihren beiden Arbeitsstellen und nur jeweils fünf Gehminuten davon entfernt. Genau dies aber ist die Basis ihres Systems des fliegenden Wechsels in Sachen Kinderbetreuung und ihres (bewußt genossenen) Familienlebens.
Saß die Mutter noch am Morgen des Geburtstages ihres Kindes am Schreibtisch – sie ist, ebenso wie ihr Mann, Mitglied einer Anwälte-Gemeinschaft und nutzt einen Büroraum und das gemeinsame Sekretariat der großen Kanzlei –, so kehrte sie auch schon wenige Tage nach der Entbindung wieder an ihren Arbeitsplatz zurück. Stundenweise. Das Baby in der Tragetasche neben sich, um es stillen zu können, wann immer es Hunger anmeldete.

Das Glucksen und Quäken des Säuglings irritierte zwar einige Mandanten, andererseits stellte es einen gesunden, interessanten Bezug zur Realität her, der die Gespräche der Anwältin und Ihrer Klienten offener und ergiebiger machte. Die strenge Eleganz des Büros, die Abgehobenheit manches „Falles“ relativierte sich angesichts des sabbernden Babys. Arbeitswelt und Privatleben – in der Regel zwei streng getrennte Bereiche – erfuhren hier (vorübergehend) eine gewisse Versöhnung.
Doch je beweglicher und anspruchsvoller das Baby wurde, um so enger wurde das Büro. Als das Kind vier Monate alt war, übernahm eine Kinderfrau vormittags seine Betreuung. Zum Stillen ging die Mutter rasch nach Hause, oder die Kinderfrau brachte das Kind in die Kanzlei. Mit zwölf Monaten, inzwischen der Muttermilch entwöhnt, kam es vormittags in die Krippe des Wohnviertels, wo es bereits wenige Tage nach der Geburt angemeldet worden war.
Seither holen Vater oder Mutter das Kind mittags ab. Man ißt zusammen, und im Anschluß beschäftigt sich ein Elternteil mit Kind und Haushalt, während der andere in sein Büro zurückkehrt. Beides verläuft nach einem Plan, der Woche für Woche neu aufgestellt wird. Seine Kriterien sind der jeweilige Arbeitsanfall, die Termine, die sich aus der Arbeit ergeben, der Wunsch beider Eltern, beruflich voranzukommen – und ihr nicht minder ausgeprägter Familiensinn.
Spätestens um fünf, halb sechs ist die Familie wieder vereint. Zumindest im Sommer ist dann noch Zeit genug, um mal rasch ins Grüne zu fahren. Beide Ehepartner empfinden ihr Leben als „geglückte Balance zwischen Beruf und Familienleben“. Die Frau hat allerdings einen Vorbehalt: Das Ganze könnte ihrer Meinung nach noch viel besser laufen, wenn ihr Mann nicht so oft (und ohne erkennbare Schuldgefühle) etwas „vergessen“ würde: zum Beispiel einzukaufen, Kleidung aus der Reinigung zu holen, das Klo zu scheuern. „Komisch“ sagt sie, „ich würde mich gar nicht trauen, mich zu drücken, er aber zuckt nur mit den Achseln, lacht und vertröstet auf später …“

■ Nach dem zweiten Kind wurde der Streß zu groß

Beide Eltern sind 46, die Mutter ist Journalistin, der Vater Lehrer. Die Söhne sind 7, 10, 12 und 14 Jahre alt. Gleich als das erste Kind erwartet wurde (und die Eltern in spe sich schon damals einig waren, daß weitere Kinder folgen sollten), dachten sie mit aller Gründlichkeit darüber nach, welches für sie die entscheidenden Voraussetzungen seien, Kinder und

Beruf unter einen Hut zu kriegen. Denn soviel war klar: Weder wollte sie nur Hausfrau, noch wollte er nur Hausmann sein.

Zwei Dinge kristallisierten sich heraus. Das erste war eine Ganztagsschule, in der die Kinder von morgens bis abends, also den üblichen Arbeitstag lang, gut untergebracht sein würden. Unterricht, Mittagessen, Überwachung der Hausaufgaben, Sport, Spiel, musische Förderung – all das sollte die Ganztagsschule leisten. Das zweite war ein unkompliziertes Umfeld, das gefahrloses Spielen, kurze Wege, Nähe zur Natur gewährleistete. Ein Haus mit Garten also, am besten am Rande eines Dorfes. Gleichzeitig durfte der neue Wohnort nicht zu weit von der Großstadt entfernt sein, in der beide arbeiteten, und das hieß auch: er mußte mit einem öffentlichen Verkehrsmittel ohne allzu große Umstände zu erreichen sein

Ein kompliziertes Unterfangen, aber zum Glück eilte die Sache nicht so. Das erste Kind lag ja noch in den Windeln. Es wurde von Mutter und Vater im Wechsel umsorgt.

Morgens von der Mutter, die erst um 10 Uhr ihren Halbtagsjob in der Zeitschriftenredaktion anzutreten hatte. Danach, bis der Vater aus der Schule kam; von einer Nachbarin. Wenn sich die „Halbtagsarbeit" der Mutter in den Nachmittag hinein erstreckte, stand der Vater zu Hause seinen Mann. Kinderpflege, Kochen und Backen war längst seine Domäne, und er hatte Spaß daran.

Nach der Geburt des zweiten Kindes wurde die Sache stressig – in erster Linie für die Mutter, die „jede rote Ampel auf dem Heimweg als Feind" zu empfinden begann. Sie kündigte ihren Job und arbeitete fortan zu Hause. Was nicht hieß, daß nun die Hausarbeit an ihr hing: Die Arbeitsteilung zwischen Vater und Mutter funktionierte weiterhin tadellos.

Als das dritte Kind geboren wurde, fand sich endlich das gewünschte Haus auf dem Land – mit allen Begleitumständen, die für den Umzug Bedingung waren. Es gab in der Nähe ein Internat, das die Kinder als Externe aufzunehmen bereit war. Und es gab einen Bahnanschluß, der es dem Vater erlaubte, problemlos zu pendeln.

Das vierte Kind wurde geboren, und die Mutter schrieb derweil an ihrem Computer Sachbuch um Sachbuch. Wie mittlerweile bestens eingeübt, teilten sich die Eltern Broterwerb, Kindererziehung und Hausarbeit – und galten bei Nachbarn und Freunden als das Traumpaar schlechthin. Geheimnis ihres Erfolges als gleichberechtigtes Paar war das sorgfältig ausgeklügelte Modell der Arbeitsteilung und ihrer beider Organisationstalent und Disziplin.

Gleichwohl handelt es sich hier um eine Geschichte mit ungewissem Ausgang. In jüngster Zeit nimmt sich der Mann zurück, zieht Kraft ab, um sie in außerhäusliche berufliche und politische Aktivitäten zu investieren. Damit ist das Gleichgewicht erschüttert. Die Familienarbeit, die der Mann nicht mehr leistet, muß die Frau übernehmen – will sie nicht riskieren, daß das ganze Gefüge zusammenbricht. Das aber hat zur Folge, daß sie selber immer weniger Zeit für ihren Beruf hat. Damit drohen sich die alten, überwunden geglaubten Verhältnisse wieder herzustellen: der Mann draußen und drinnen die Frau ... Ein Musterbeispiel dafür, wie zerbrechlich selbst gut eingespielte Modelle sind.

■ Zwei Kinder – und nebenbei die Berufsausbildung

Die Mutter ist 28 und Ärztin, der Vater 30 und Fotoingenieur. Der Sohn ist knapp 3 Jahre alt, die Tochter 2 Monate. Wie sie das alles geschafft haben, ist ihnen immer noch ein bißchen rätselhaft. Aber sie haben es geschafft – und zwar so, daß beide einigermaßen planmäßig ihre Ausbildung abschließen und in den Beruf einsteigen konnten – ohne daß Sohn und Tochter zu kurz kamen/kommen.

Als sie schwanger wurde, studierten sie beide in verschiedenen Städten. Sie stand drei Monate vor ihrem 2. Staatsexamen, hatte auch bereits den Vertrag für das anschließende Praktische Jahr in einer Klinik in der Tasche. Ihm fehlte noch ein Semester bis zum Abschluß.

Drei Wochen vor der Geburt des Kindes beendete er sein Studium, verließ seinen Studienort und zog in ihre Wohnung. Für die jetzt noch fällige Diplomarbeit hatte er ein Jahr Zeit.

Drei Wochen nach der Entbindung nahm sie ihre Kliniktätigkeit (im Rahmen des Praktischen Jahres) wieder auf. Als Studentin unterlag sie nicht dem aus dem Mutterschutz hergeleiteten Verbot einer Beschäftigung (von Angestellten und Arbeiterinnen) während der ersten acht Wochen nach der Entbindung. Sie konnte ihre Ausbildung fortsetzen. Er betreute derweil das Kind. Kehrte sie am Spätnachmittag aus der Klinik zurück, übergab er ihr den Sohn – und radelte in die Staatsbibliothek, um seine Diplomarbeit zu schreiben.

Ihr größtes Problem war damals das Stillen des Kindes. In den ersten Wochen brachte der Vater das Kind zu ihr in die Klinik. Doch da die Stillzeiten sich nicht festlegen ließen (das Kind hatte seine eigenen Vorstellungen, wann es trinken wollte), funktionierte das nicht sonderlich gut. In der Erinnerung der Eltern hat sich jedenfalls festgesetzt, daß Vater

und Sohn grundsätzlich zu den allerunglücklichsten Zeiten in der Klinik erschienen.
Der Ausweg: das regelmäßige Abpumpen der Milch. Es ließ sich leichter in den Arbeitstag integrieren und machte alle Beteiligten unabhängig. Das Abgepumpte von heute war die Ration für morgen.
Schon während der Schwangerschaft hatten die Eltern das Kind vorsorglich in einer Krippe angemeldet. Doch dann brachte es der Vater am Ende doch nicht fertig, seinen Sohn der Obhut Fremder zu überlassen. Da nahm er es lieber in Kauf, weiterhin (je nach Gegenüber) bewunderter, bemitleideter oder verspotteter Hausmann und Babysitter zu sein.
Nach Fertigstellung seiner Diplomarbeit und Beendigung ihres Praktischen Jahres stand bei der Mutter das 3. Staatsexamen ins Haus. Nun war sie es, die jeden Tag in die Bibliothek radelte, während er weiter das Kind versorgte und nebenbei schon mal nach einer Arbeitsstelle Ausschau hielt. Nach dem 3. Staatsexamen galt es für sie, die letzte Hürde zu nehmen: das AiP-Jahr (AiP = Assistenzarzt im Praktikum). Auf dem Papier ist das eine Kliniktätigkeit unter Aufsicht, in der Realität nur allzuoft selbständige, alleinverantwortete, schlecht bezahlte (Knochen-) Arbeit. 40-Stunden-Woche plus sechs Nachtschichten plus zwei Wochenenddienste im Monat (die Stunde für 13,50 Mark) – das war nun nicht länger mehr mit links zu bewältigen, weder für sie noch für ihn. Denn je weniger Zeit sie für das Kind erübrigen konnte, um so mehr mußte er investieren.
Gleichwohl war die zweite Schwangerschaft ausdrücklich gewollt. Beide Partner haben jeweils drei Geschwister und schönste Erinnerungen an eine wilde, bewegte Kindheit. Sie wollten ihrem Sohn das ihrer Ansicht nach reduzierte Dasein eines Einzelkindes ersparen.
Das AiP-Jahr lief pünktlich zum Beginn des Mutterschutzes (acht Wochen vor der Geburt) aus. Gleichzeitig trat der Vater seinen ersten Job an, bei einem Fernsehsender.
Die Mutter ist seitdem vor allem Hausfrau und schreibt nebenbei ihre Doktorarbeit. Wenn das zweite Kind ein Jahr alt ist, will sie wieder in ihren Beruf zurückkehren und endlich richtig einsteigen.
Dann wird eine Kinderfrau die beiden Kleinen während der Abwesenheit der Eltern versorgen. Ein drittes Kind ist übrigens ganz und gar nicht ausgeschlossen …

Wenn gar nichts mehr geht, hilft Selbsthilfe

Die Mutter ist 26 und Sozialpädagogin, der Vater 28 und Möbeltischler und -restaurator. Die Tochter ist 3 Jahre alt. Zehn Fotos an der Wand des Schlafzimmers fesseln den Blick. Ein Freund (und Berufsfotograf) hat sie gemacht und einen internationalen Preis dafür gewonnen. Die Bilder zeigen das Paar während der neun Monate Schwangerschaft. Auf dem zehnten Foto schließlich Mutter, Vater und Kind. Das Paar ist nackt, steht sich gegenüber. Die Fotos, die so viel Nähe und Zärtlichkeit ausstrahlen, machen den Zorn, die Erbitterung des jungen Vaters verständlich. Zorn und Erbitterung darüber, daß sein Chef, Besitzer einer ländlichen Möbelfabrik mit 300 Arbeitern und Angestellten, kategorisch „nein" sagte, als der junge Vater anläßlich der Geburt seiner Tochter darum bat, von Überstunden befreit zu werden und Teilzeit arbeiten zu können. Auch bei einem zweiten und dritten Vorstoß ließ der Mann sich nicht erweichen. Man müsse den Anfängen wehren, wolle man nicht das Aus für einen reibungslosen Arbeitsablauf riskieren, beharrte er. Also kündigte der Vater. Schweren Herzens, weil sich in der Gegend so gut wie keine andere Arbeitsmöglichkeit in seinem Fach bot. Andererseits war ihm der Gedanke, frühmorgens das Haus verlassen zu müssen und womöglich erst am späten Abend zurückkehren zu können (also nichts von seinem Kind zu haben) noch unerträglicher. Sechs Monate nutzte er deshalb den Erziehungsurlaub und wurde Hausmann, während seine Frau nach dem Mutterschutz ihre Tätigkeit in einer Zentrale für ambulante Familien- und Altenbetreuung fortsetzte. Eine Tätigkeit, in der sie zwar täglich im Landkreis unterwegs war, die ihr aber doch eine halbwegs geregelte Freizeit ermöglichte.

Nach einem halben Jahr fand der Mann – wider Erwarten – im Nachbardorf eine interessante Teilzeitbeschäftigung. Jetzt nahm die Mutter Erziehungsurlaub.

Ihre gute Kenntnis der Familienstruktur der Gegend, die Klagen vieler junger Mütter, daß es weit und breit keinerlei Betreuungseinrichtungen für Kinder gäbe, brachten sie auf eine Idee, per Elterninitiative einen Kindergarten auf die Beine zu stellen. Sie suchte Gleichgesinnte und fand sie. Zehn Mütter und Väter aus drei Dörfern gründeten Ende 1990 einen gemeinnützigen Verein zu dem Zweck, mit öffentlichen Geldern eine Kindereinrichtung zu schaffen.

Der Weg durch die Instanzen war mühsam. (Siehe dazu auch „Selber einen Kindergarten gründen", Seite 55–60.) Die Gemeindeverwaltungen warfen fleißig Sand ins Getriebe, statt behilflich zu sein. Man wollte (zunächst) partout nicht begreifen, warum es plötzlich einer solchen Einrichtung bedürfe. Doch die fortschrittlicheren Kräfte setzten sich am Ende durch. Das Elternprojekt fand offizielle Unterstützung – und wurde im April 1992 festlich eingeweiht: Vier lichte Räume in einem bis dahin leerstehenden Bauernhaus in der Nähe des Schulzentrums. Drumherum ein großer Garten. Eine der festangestellten Betreuerinnen ist die Initiatorin selbst. So haben Mutter und Tochter morgens dasselbe Ziel.

■ Das Leben läuft leicht und entspannt – fast wie ein Spiel

Die Mutter ist 41 und Leiterin eines eigenen Instituts für Farb-, Typ- und Imageberatung. Der Vater, 36, ist Management-Trainer. Die beiden Töchter sind 7 und 8 Jahre alt. Für die Mutter ist es die zweite Ehe. Sechs Wochen nach dem ersten Kennenlernen wurde geheiratet. Das war vor zehn Jahren. Und die rasche Entscheidung war offensichtlich goldrichtig. Noch nie kamen Zweifel auf, ob man womöglich einen Fehler gemacht haben könnte. Ganz im Gegenteil: Das Leben läuft leicht und entspannt, fast wie ein Kinderspiel. Der Zusammenhalt ist groß, es wird über alles gesprochen, und Probleme werden gemeinsam gelöst. Dabei wird viel gearbeitet, aber auch viel gelacht und geredet. Beide Eltern wissen von Berufs wegen: funktionierende Kommunikation ist das A und O jeder Gemeinschaft. Das heißt auch, die Wünsche und Bedürfnisse, die Abneigungen und Ängste müssen offen auf den Tisch. So hatte schon die zukünftige Mutter keine Scheu, ihre Vorstellung von paritätischer Kindererziehung deutlich zu machen. „Zufällig" war die Ansicht des Vaters in spe dieselbe: Die Kindererziehung sollte ein Gemeinschaftswerk sein. So legten und legen beide ihre Lehrveranstaltungen, Vortragsreisen und Trainings so, daß immer einer von beiden zu Hause war/ist und sich um die Kinder kümmern kann.

Ein zweites wichtiges Prinzip nahmen sie aus ihrem Berufs- in ihr Privatleben auf: die positive Verstärkung. So wie sie die Menschen, die Beratung bei ihnen suchen, animieren, mehr zu loben als zu tadeln und sich selber anzunehmen, anstatt sich mit unnötigen Selbstzweifeln zu plagen, so erziehen sie auch ihre Kinder. Wenn die Familie abends zusammensitzt, um die Erfordernisse des nächsten Tages zu besprechen, erhalten die Kinder die Chance, Pluspunkte zu sammeln, im Familienjargon: „lachende Gesichter". Lachende Gesichter kann erwerben, wer sein Bett macht, den Spielzeugschrank aufräumt, die Geschirrspülmaschine einräumt, ausräumt, Einkäufe erledigt, den Tisch deckt/abdeckt oder einen anderen nützlichen Beitrag zum Familienleben leistet. Die Skala reicht von einem lachenden Gesicht (für das Aufhängen statt Über-den-Stuhlwerfen des Mantels etwa) bis hin zu zehn lachenden Gesichtern (für das Spülen des gesamten Abwaschs zum Beispiel). Vater oder Mutter führen mit den Kindern zusammen Buch. Wer im Lauf der Woche 60 lachende Gesichter zusammen hat, hat sich damit zehn Mark verdient. (Das Geld wird von den Kinder für die Erfüllung eines größeren Wunsches angespart).

„Weinende Gesichter“ sind Strafpunkte – für zänkisches Verhalten und Lieblosigkeit gegenüber den Familienmitgliedern. Wer mal keine Lust hat, den Tisch zu decken oder die Spülmaschine auszuräumen, bekommt aber nicht gleich ein weinendes, allerdings auch kein lachendes Gesicht. Im übrigen läßt sich ein Negativ-Konto wieder bereinigen – durch eine entsprechende Anzahl „lachender Gesichter“.

Dieses System der Kommunikation einerseits und der positiven Verstärkung andererseits hat, nach Überzeugung des Paares, zu einer Atmosphäre geführt, in der Solidarität, Partnerschaftlichkeit und gegenseitiges Ernstnehmen gut gedeihen können. All dies, sagen die beiden, seien die besten Voraussetzungen, um Beruf und Kinder unter einen Hut zu bekommen.

5. Kapitel

Mütter und Väter am Arbeitsplatz

Vom Streß, in verschiedenen Welten zu leben

Wenn davon die Rede ist, wie schwierig es sei, Beruf und Kind miteinander in Einklang zu bringen, so geht es zunächst meist um Fragen des „Termin-Managements". Arbeitsbeginn und -schluß sind mit den Öffnungszeiten von Krippen, Kindergärten, den Arbeitszeiten von Au-pair-Mädchen, Tagesmüttern usw. abzustimmen; die knappe verbleibende Familienzeit muß sinnvoll genutzt werden; und immer von neuem stellt sich die Frage: bleibt genug Zeit, die Entwicklung des Kindes zu begleiten, zu fördern; reicht die Zeit, ein inniges Eltern-Kind-Verhältnis zu entwickeln? Doch sind diese Zeit-Fragen ja nur ein Teil des Problems. Sie lassen sich meist mit einigem Organisationstalent, Einfühlungsvermögen und kluger Vorschau in den Griff kriegen.
Eine im Grunde weit kompliziertere Frage stellt sich durch die bis heute grundsätzliche Verschiedenartigkeit der beiden Bereiche Beruf und Familie. Dort Ratio, Pragmatismus, Kühle, Effektivität; hier Wärme, Gefühle, Geduld, „Unordnung". Berufstätige Mütter und Väter werden zu Wanderern zwischen zwei Welten, die nur sehr wenig (wenn überhaupt) miteinander zu tun haben.

■ Für emotionalen Ausgleich sind jetzt beide zuständig

Solange die Männer für die eine Welt, die Frauen für die andere zuständig waren, schien die Sache zu funktionieren. Offensichtlich konnte die Effizienz der beruflichen Arbeit gesteigert, ihr reibungsloses Funktionieren in dem Maße garantiert werden, wie störende Bedingungen (zum Beispiel Kinderbetreuung, Krankheit, Alter, emotionale Bedürfnisse, psychische Krisen) ausgelagert wurden ins Familiensystem. Und für die „feindliche Welt", in der der Mann sich behaupten mußte, schuf die Frau das Gegengewicht, nämlich Liebe und Wohlbefinden im Innern der Familie. „Der Gegensatz von instrumentellem und expressivem Bereich schien gelungene Ergänzung", schreibt Elisabeth Beck-Gernsheim (in „Das halbiert Leben", Frankfurt 1980). Und sie fährt fort: „Heute jedoch sehen wir, daß dieses Denkmodell – so paßgerecht seine Bausteine auch scheinen – an den entscheidenden Punkten doch die Realität nicht begreift. Denn Gefühle und Bedürfnisse lassen sich nur teilweise und nur

um den Preis erheblicher Folgeprobleme aufschieben; was während der Berufsarbeit unterdrückt wird, kann am Feierabend nicht einfach wieder aufleben. ... Das heißt, wir sehen jetzt genauer, wie die Trennung von Beruf und Familie auch Folgeprobleme für die Individuen bringt, für Männer und Frauen. Denn die institutionelle Trennung zwischen Beruf und Familie wird hineinverlagert in die Personen selbst." So muß ein und derselbe Mensch im Beruf Härte und Sachdenken an den Tag legen, in der Familie hingegen Gefühlsnähe und Fürsorglichkeit; „... die Unterschiede und Gegensätze zwischen den Bereichen stehen in der Person selbst sich noch einmal gegenüber" (Beck-Gernsheim).
Heute nun sind wir dabei, diese beiden einander fremden Bereiche miteinander zu versöhnen (von nichts anderem handelt letztlich dieses Buch). Die Versöhnung ist überfällig, seit Frauen und Männer nicht mehr in getrennten Welten leben – draußen der Mann und drinnen die Frau –, vielmehr beide beides wollen: Beruf *und* Familie. Womit nun keiner von beiden mehr, von der Arbeit heimkehrend, ein gemachtes Bett, einen gedeckten Tisch, ein heiteres Empfangslächeln vorfindet. Beide kehren gemeinsam zurück, das Kind in ihrer Mitte, alle drei ganz schön gestreßt, doch bereit und in der Lage, dem berufsbestimmten Teil des Tages nun den privaten anzufügen – mit leichter Hand, unverkrampft, selbstverständlich, trotz der Familienarbeit, die nun (auch) auf sie wartet.
Noch gelingt das nicht überall, kann vielfach auch noch gar nicht gelingen. Zu sehr nimmt der Leistungsdruck an den Arbeitsplätzen zu, immer häufiger verlängern sich die Anfahrtswege zur Arbeit (weil im engeren Umkreis kein Job zu finden ist); und immer noch und immer von neuem beharren Männer auf dem alten, für sie (vordergründig) vorteilhafteren Prinzip und drängen die Frauen zurück an den Herd. So leisten berufstätige Mütter und Väter, die ihr Kind partnerschaftlich großziehen und im Haushalt strikte Arbeitsteilung praktizieren, gleichsam immer noch Pionierarbeit; um so mehr dann, wenn sie auch am Arbeitsplatz als „Mütter" und „Väter" agieren. Soziologen prognostizieren, daß die Anzahl der berufstätigen Frauen steigen wird. Heute sind gut ein Drittel der Erwerbstätigen (in den alten Bundesländern) weiblichen Geschlechts. In den neuen Bundesländern stellen die Frauen knapp die Hälfte der arbeitenden Bevölkerung. Im Osten werde sich der Prozentsatz in etwa halten, im Westen aber steigen. Mit der Folge, daß „Beruf *und* Kind" als Doppelaufgabe für Männer wie Frauen schließlich gang und gäbe sein wird. Das erfordert neue Strategien – nicht nur zu Hause, sondern auch im

Berufsleben. Die Doppelrolle jedes Arbeitnehmers (jeder Arbeitnehmerin darf nicht länger als Ausnahmesituation verstanden, sondern muß als „normal" begriffen werden. Ein Trend zu diesem neuen Bewußtsein ist erkennbar. Mit dem Ergebnis, daß sich auch heute schon diejenigen Mütter und Väter am Arbeitsplatz am wohlsten fühlen, die mit ihrem Familienstand und seinen Anforderungen ganz offensiv und selbstverständlich umgehen.

„Mutter" und „Vater" – auch am Arbeitsplatz

Ob eine/r Kinder hat oder nicht, ist für die zu verrichtende Arbeit zunächst einmal völlig unerheblich. Arbeitsplatz ist Arbeitsplatz. Doch die ihn einnehmen, sind Menschen. Und Menschen sind verschieden. Von den einen erfährt man zehn Jahre lang nicht, daß sie feierabends in einem kleinen, feinen Kammerorchester die erste Geige spielen, die anderen verraten bereits am dritten Tag, daß die Ursache ihres Übergewichtes eine diffizile Gehirnkrankheit ist. Die einen halten ihr Privatleben strikt draußen, die anderen lassen keine Gelegenheit aus, es in epischer Breite zu schildern. Jede/jeder wie sie/er mag.

■ Unvermeidlich: Das Privatleben funkt in den Job hinein

Bei berufstätigen Eltern kommt noch etwas hinzu: Ob sie das nun mögen oder nicht, rufen Krippe, Kinderfrau, Au-pair-Mädchen im Büro an und konfrontieren sie mit Fragen und Problemen, die sofort entschieden werden müssen, oder die Leiterin des Kindergartens bittet telefonisch um Verständnis dafür, daß der Kindergarten unverzüglich geschlossen werden müsse, einer hochgradig ansteckenden Krankheit wegen, und daß Sohn oder Tochter bis spätestens 15 Uhr abzuholen seien ... Kurz: das Privatleben greift immer mal wieder unerbittlich ins Berufsleben ein; die meist noch immer so konsequent voneinander geschiedenen Bereiche erfahren massive Berührungen.

Berufstätige Väter alten Stils wurden und werden von solch „unpassenden" Nachrichten aus Kinder-Land so gut wie nie ereilt. Dafür war (und ist) die Mutter ihres Kindes zuständig. Entweder war/ist sie ohnehin zu Hause, oder, sofern berufstätig, dennoch in Sachen Kindererziehung die Alleinverantwortliche. Inzwischen vergrößert sich die Anzahl der Paare, die sich die Verantwortung für die Betreuung der Kinder teilen. Und so muß auch immer häufiger mal der Vater bei seinen Vorgesetzten um eine Freistunde nachsuchen, um sein Kind vom (unverhofft verfrüht schließenden) Kindergarten abzuholen und der Obhut einer Nachbarin zu übergeben, bis die Mutter schließlich nach Hause kommt. Auch erhöht sich die Anzahl der Väter, die den Sonderurlaub in Anspruch nehmen, der dann anfällt, wenn das Kind erkrankt und niemand anders es pflegen kann. Dabei erfahren nun auch die Väter das, was die Mütter längst schon wissen: daß es mit „Kind und Beruf" um so besser klappt, je selbstverständlicher man mit der Doppelrolle umgeht. Auch am Arbeitsplatz. Gerade am Arbeitsplatz.

■ Richtiges Verhalten gegenüber Kollegen und Vorgesetzten

In hohem Maße sind wir es selber, die über Betriebsklima, die Qualität der Zusammenarbeit mit den Kollegen und damit über unsere eigene Befindlichkeit am Arbeitsplatz entscheiden. Insgesamt gilt: Selbstsicherheit an den Tag legen, Pragmatismus, Offenheit und Bereitschaft zur Zusammenarbeit. Das macht ein positives Echo am wahrscheinlichsten.

□ *Souveränität zeigen.* Je selbstverständlicher man erklärt: „Ich habe ein Kind, also bestimmte Verpflichtungen, und kann nicht beliebig, und schon gar nicht unvorhergesehen, Überstunden machen", um so eher akzeptiert das die andere Seite. Nichts ist schlimmer (und erfolgloser), als ängstlich herumzudrucksen, sich an klaren Aussagen vorbeizumogeln, sich womöglich geradezu zu entschuldigen, daß man ein Kind hat. (Kinder sind ja angeblich gesellschaftlich hoch erwünscht – wie etwa auch in zahllosen Politikerreden nachzulesen.) Wenn Väter oder Mütter, die eine Nacht am Bett ihres Kindes saßen, anderntags für ihre Müdigkeit mehr Verständnis ernten, wenn sie etwas von einer Kneipentour zusammenschwindeln, dann stimmt etwas nicht. Auch wenn die „allzu lange Feierei" besser ins allgemeine Lebensgefühl paßt und deshalb von den Kollegen leichter nachvollzogen und toleriert werden kann, so sind es doch genau solche Verhaltensweisen, die die Realität verkleistern und dadurch verzögern, daß der Doppel-Job „Beruf *und* Familie" überall zur Selbstverständlichkeit wird.

□ *Klarheit schaffen.* Schon vor Arbeitsantritt sollte klargelegt werden, was man zu leisten bereit ist und was nicht. Die Überstunden wurden bereits im vorigen Abschnitt angesprochen. Dasselbe kann etwa für Wochenendtermine oder Dienstreisen gelten. Man sollte schriftlich festhalten – und vom Vorgesetzten abzeichnen lassen –, in welchem Umfang man solche Verpflichtungen übernehmen kann und wieviel Vorlaufzeit man braucht, um die Betreuung des Kindes sicherzustellen. Auch den unmittelbaren Kolleginnen und Kollegen sollte man die Zeit-Zwänge, die die Kombination Beruf *und* Kind mit sich bringt, darlegen. Nicht, um Sonderrechte für sich herauszuschlagen oder gar um Mitleid zu erheischen (der gröbste Fehler, den man überhaupt machen kann!), sondern um sich Verständnis zu sichern, wenn man etwa mitten aus der angeregtesten Unterhaltung aufbrechen muß, weil die Krippe schließt.

☐ *Das Thema „Kind" nicht überstrapazieren.* Über die eigene Situation sollte weder allzu oft noch gar eifernd gesprochen werden. Lieber ganz lässig und sogar ein bißchen nebenbei – vollkommen selbstverständlich eben. Das geht natürlich nur, wenn man auch selber ganz und gar dahintersteht. Wo dies der Fall ist, ziehen auch die Kolleginnen und Kollegen mit.

☐ *Keine Vergleiche und Wertungen vornehmen.* Zu kinderlosen Kollegen zu sagen: „Ach, habt ihr es gut ...!" oder auch, sie als Faulpelze zu diskreditieren, die ja im Grunde genommen nichts zu tun hätten, während man sich selber halbtot rackere – das frustriert sämtliche Beteiligten und führt zu nichts. Sollten sich häufiger Bedürfnisse in dieser Richtung melden, so müßte man das hier mehrfach zitierte „eigene Modell" noch einmal kritisch überprüfen. Allzu heftig nagende Neidgefühle, aber auch „Verachtung" für die weniger Arbeitenden, sind ziemlich deutliche Indizien dafür, daß man nicht mit sich im reinen ist. Mit einer positiven Haltung aber steht und fällt das eigene Wohlbefinden.

☐ *Empfindlichkeiten ablegen.* Unter Kollegen sollte man nicht jedes Wort auf die Goldwaage legen. In Streßzeiten kann schon mal eine ruppige Bemerkung fallen; das ist zwar nicht schön und dem Betriebsklima nicht gerade dienlich, aber es passiert einfach, und alle müssen damit leben. Die Äußerung etwa „Ach, die rennt ja immer zu ihrem Kind ...!" zeugt sicher nicht von allzuviel Einfühlungsvermögen, darf aber das Selbstverständnis einer berufstätigen Mutter nicht ins Wanken bringen. Am besten einfach weghören.

Sollte sich allerdings unter den Kollegen ein Klima zusammenbrauen, das sich gegen die berufstätige Mutter richtet – weil sie angeblich weniger verfügbar ist und weniger leistet, dann sind größte Aufmerksamkeit und offensives Vorgehen geboten. In einem solchen Fall sollte man die Kollegen und Kolleginnen zusammenbitten, das eigene Unbehagen offen aussprechen und darüber diskutieren. In den meisten Fällen lassen sich die Vorbehalte – wenn es denn überhaupt welche gibt – ziemlich rasch aus dem Weg räumen. Die gleiche Beherztheit empfiehlt sich gegenüber Vorgesetzten, die erkennen lassen, daß sie berufstätige Mütter für nicht ausreichend verläßlich halten und sie deshalb beispielsweise von Qualifizierungsmaßnahmen oder Beförderungen ausschließen. Auch hier sollte man nicht zögern, gut gewappnet – unter Umständen zusammen mit anderen Kollegen oder Kolleginnen – das Gespräch zu suchen.

■ Was man von Vorgesetzten und Kollegen erwarten kann und was nicht

☐ *Erwarten kann man,* daß die berufliche Leistung genauso bewertet und anerkannt wird wie bei jedem anderen, und daß berufstätige Mütter/Väter nicht auch noch Energie aufwenden müssen, um gegen diffuse Vorbehalte anzukämpfen.

☐ *Erwartet werden kann,* daß Müttern, die nicht ausschließlich Mütter sein wollen, sondern weiter ihrem Beruf nachgehen möchten, dieses Bedürfnis vorbehaltlos zugestanden wird; ja, daß sie in diesem Bestreben unterstützt werden.

☐ *Erwarten kann man,* daß Väter, die wirklich Väter sein wollen, mit ihrem Anliegen ernst genommen, bestärkt und nicht bespöttelt werden.

☐ *Erwarten kann man,* daß Vorgesetzte in Notfällen (etwa bei plötzlicher Erkrankung des Kindes) nicht zähneknirschend oder vorwurfsvoll seufzend, sondern ganz selbstverständlich den Sonderurlaub gewähren – auch wenn gewisse Schwierigkeiten (zum Beispiel das Einstellen einer Ersatzkraft) damit verbunden sind.

☐ *Erwarten kann man,* daß die Kollegen auch mal einspringen, wenn es wirklich nicht anders geht.

☐ *Nicht erwarten kann man,* daß die Kollegen beliebig oft zur Verfügung stehen, wenn man wegen des Kindes schnell mal weg muß.

☐ *Nicht erwarten kann man,* daß die Kollegen das Thema „Beruf und Kind“ gewissermaßen zu ihrem eigenen machen und ihrerseits Hilfe anbieten. Das kann im Einzelfall geschehen, darf jedoch nicht für selbstverständlich gehalten werden. (Man wird also von Fall zu Fall immer von neuem selber den Mund aufmachen müssen).

☐ *Nicht erwarten kann man,* daß die Kollegen eine unbegrenzte Bereitschaft an den Tag legen, sich Kinder-Geschichten anzuhören. Lieber sparsam dosieren!

☐ *Nicht erwarten kann man,* daß die Vorgesetzten ihrerseits auf bestimmte Sonderregelungen für berufstätige Mütter und Väter aufmerksam machen. Wer zu seinem Recht kommen will, muß (wohl oder übel) selber etwas dafür tun!

Sonderregelungen für Mütter und Väter

Die gesetzlichen Arbeitsplatzregelungen für Mütter und Väter beziehen sich im wesentlichen auf Rechte von Müttern während der Stillzeit. Nur in einem einzigen Fall betreffen die Sonderregelungen Mütter *und* Väter, und zwar wenn es um die Versorgung des kranken Kindes geht.

■ Umfassender Gesundheitsschutz für Stillende

Wie für Schwangere gilt auch für die stillende Mutter ein erhöhter Gesundheitsschutz am Arbeitsplatz. So darf sie keiner Beschäftigung nachgehen, die regelmäßig schweres Heben erfordert oder bei der sie Einwirkungen von gesundheitsgefährdenden Stoffen oder Strahlen ausgesetzt ist. Große Hitze, Kälte, Nässe, besondere Erschütterungen, Lärm – Arbeiten mit derartigen Begleiterscheinungen sind während der Stillzeit tabu. Auch ist Fließbandarbeit mit vorgeschriebenem Arbeitstempo (Akkordarbeit) verboten (es sei denn, die Aufsichtsbehörde stellt ausdrücklich fest, daß Art und Tempo der Arbeit keinerlei Gefährdung für die Gesundheit der Mutter darstellen).

□ *Keine Mehrarbeit.* Stillende Mütter dürfen nicht mit Mehrarbeit/Überstunden belastet werden. Das heißt nach der gültigen Arbeitszeitordnung: Stillende Frauen unter 18 Jahren dürfen nicht mehr als acht Stunden täglich, stillende Frauen über 18 nicht mehr als achteinhalb Stunden täglich Berufsarbeit leisten. Verboten sind außerdem Nachtarbeit (zwischen 20 und 6 Uhr) und Sonn- und Feiertagsarbeit.

□ *Freistellung fürs Stillen.* Das Mutterschutzgesetz (Paragraph 7) schreibt vor: „Stillenden Müttern ist auf ihr Verlangen die zum Stillen erforderliche Zeit, mindestens aber zweimal täglich eine halbe Stunde oder einmal täglich eine volle Stunde freizugeben“. Bei einer zusammenhängenden Arbeitszeit von mehr als acht Stunden hat die stillende Mutter das Recht auf zwei Stillzeiten von jeweils fünfundvierzig Minuten oder – falls in der Nähe des Arbeitsplatzes keine Stillgelegenheit vorhanden ist – auf eine Stillzeit von mindestens eineinhalb Stunden. (Die Arbeitszeit gilt als „zusammenhängend“, wenn sie nicht durch eine Pause von mindestens zwei Stunden unterbrochen wurde.)

Inwieweit sich hier Theorie und Praxis auf einen Nenner bringen lassen, kommt natürlich ganz auf den Einzelfall an. Liegen die Betreuungsstätte des Kindes und der Arbeitsplatz nahe beieinander, so kann die Mutter sicher mal rasch zwischendurch zu ihrem Kind gehen. Bei großen Entfernungen kompliziert sich die Sache. Manche Mütter behelfen sich damit, daß sie Milch abpumpen und auf diese Weise das Kind (bei der Kinderfrau, der Tagesmutter oder in der Krippe) versorgt zurücklassen. Andere beginnen bereits während der achtwöchigen Mutterschutzfrist nach der Entbindung mit dem behutsamen Abstillen, so daß das Kind mit dem Ende der Mutterschutzfrist bereits auf Flaschennahrung umgestellt ist – und damit das schwierige Problem „Stillen während der Arbeitszeit" gar nicht erst auftaucht.

□ *Ungeschmälerter Verdienst.* Ganz wichtig: Die Gewährung der Stillzeit darf den Verdienst nicht schmälern. Und: die Stillzeit darf nicht auf die betriebsüblichen Ruhepausen angerechnet werden. Stillzeit ist zusätzliche Freizeit.

■ Sonderurlaub, wenn das Kind krank ist

Seit 1. Januar 1992 gilt hier eine neue, wesentlich verbesserte Regelung: Statt bislang maximal fünf Tage pro Kind und Jahr können sich Mütter und Väter nun für maximal zehn Tage pro Kind und Jahr freistellen lassen. Alleinerziehende können entsprechend maximal 20 Pflegetage pro Kind und Jahr in Anspruch nehmen. Auch wurde das Alter des zu betreuenden Kindes heraufgesetzt. Bislang erlosch der Anspruch auf Sonderurlaub mit dem neunten Geburtstag des Kindes, jetzt erst mit seinem 13. Um in den Genuß des Sonderurlaubs zu kommen, bedarf es einer ärztlichen Bescheinigung über die Krankheit des Kindes. Wichtig: Diese Bescheinigung muß den Vermerk enthalten, daß das Kind auf die Betreuung von Vater oder Mutter angewiesen ist; daß also niemand sonst aus dem Haushalt das Kind pflegen kann. Nur mit diesem Vermerk ist die Freistellung zwingend. Den Verdienstausfall zahlt der Arbeitgeber, ersatzweise die Krankenkasse.

■ Was viele Unternehmen von sich aus tun

Knapp 50 Prozent der Unternehmen (ab 51 Beschäftigte) in der alten Bundesrepublik treten „grundsätzlich für einen eigenen Beitrag privater Betriebe zur Vereinbarkeit von Familie und Beruf ein". Dies ist das Ergebnis einer aktuellen Untersuchung, die das Institut der Deutschen

Wirtschaft im Auftrag des Bundesministeriums für Frauen und Jugend durchführte. Es ist ein erfreuliches Ergebnis. Erfreulich deshalb, weil eine gleichlautende Befragung von vor zehn Jahren eine noch weit zögerlichere Hinwendung der Betriebe zum Thema „Vereinbarkeit von Familie und Beruf" erbracht hatte. Damals hatte sich nur knapp ein Drittel der befragten Betriebe in dieser Angelegenheit für zuständig erklärt.
Allerdings bedeutet das öffentliche Bekenntnis keineswegs immer, daß auch tatsächlich etwas geschieht. In der Praxis heißt das: Nur 35 Prozent der Betriebe setzen bislang ihre bekundete Absicht auch in Taten um (während 65 Prozent dies eben nicht tun).
Die familienfreundlichen betrieblichen Maßnahmen sind vor allem:

□ *Eine flexible Arbeitszeitgestaltung,* sprich Gleitzeit (praktiziert von 56,6 Prozent der aktiv familienfreundlichen Unternehmen);
□ *Familienpausen-Regelungen,* die über den gesetzlichen Erziehungsurlaub hinausgehen (praktiziert von 12,5 Prozent der Unternehmen);
□ *betriebseigene beziehungsweise betriebsnahe Kinderbetreuung* (praktiziert von knapp sechs Prozent der Unternehmen).

Was diesen letzten Punkt betrifft, so stellte (und stellt) sich die Situation in den neuen Bundesländern grundsätzlich anders dar. Hier waren nahezu sämtliche Betriebe mit Kinderbetreuungseinrichtungen ausgerüstet; wobei sich häufig mehrere kleinere Betriebe zusammengeschlossen hatten, um gemeinsam entsprechende Einrichtungen zu nutzen. Durch zahlreiche Betriebsstillegungen und/oder -verkleinerungen wurde eine Anzahl dieser Kindertagesstätten geschlossen. Gleichwohl ist der Bedarf noch weitgehend gedeckt.
In Deutschland-West entwickeln sich in jüngster Zeit – als Ergänzung zu den „klassischen" Betriebskindergärten – diese drei Varianten:

- *Die überbetriebliche Kooperation mehrerer Unternehmen* zum Zwecke der Gründung einer gemeinsam genutzten Kindertagesstätte;
- *die finanzielle Unterstützung einer nahe dem Betrieb gelegenen kommunalen Kindereinrichtung.* Das bedeutet, daß der Betrieb eine Anzahl Plätze „kauft", um sie den Kindern seiner Mitarbeiter zur Verfügung zu stellen;
- *die Beteiligung des Betriebes an der Finanzierung einer Privatinitiative berufstätiger Eltern.*

■ **Die Gründung einer betrieblichen Kindertagesstätte anregen!**

Einrichtungen dieser Art haben Tradition. So sind sie in einigen Großunternehmen, speziell der chemischen Industrie, bereits seit der Jahrhundertwende Teil der Sozialleistungen des Betriebs an seine Mitarbeiter. Unternehmen wie Daimler-Benz, Bayer, Siemens oder Opel unterhalten ihre Betriebskindergärten zum Teil seit dem Ersten Weltkrieg. Damals holte man die Frauen an die Werkbänke – als Ersatz für die Männer, die Soldat werden mußten. Die meisten der in den alten Bundesländern vorhandenen betrieblichen Kindergärten wurden in den späten sechziger und frühen siebziger Jahren installiert. Gegenwärtig zeichnet sich ein Trend ab, geschlossene Kinderbetreuungseinrichtungen neu aufleben zu lassen beziehungsweise neue Einrichtungen zu gründen.

□ *Der erste Schritt: Engagierte Eltern schließen sich zusammen und erkunden den Bedarf.* Tatsächlich kommt es häufig nur darauf an, daß einige aktive Mütter und Väter den Stein ins Rollen bringen. Das kann dadurch geschehen, daß man einen entsprechenden Aufruf ans Schwarze Brett hängt, die Sache im betriebsinternen Mitteilungsblatt (falls vorhanden) zur Sprache bringt und/oder das Projekt auf einer Betriebsversammlung vorstellt. Bedarf für 20 bis 30 Kinder sollte vorhanden sein. Ist er niedriger, könnte eine Zusammenarbeit mit einem Nachbarbetrieb ins Auge gefaßt werden.

□ *Der zweite Schritt: den Betriebsrat für das Vorhaben gewinnen.* Er ist die richtige Anlaufstelle. Hier können die Informationen über den Bedarf letztlich zusammenlaufen und ausgewertet werden. Von hier aus können Auskünfte über die anfallenden Kosten eingeholt werden. Die Betriebskosten werden von den Unternehmen gegenwärtig je nach Alter der Kinder mit etwa 15 000 bis 20 000 Mark pro Platz und Jahr veranschlagt. Die finanziellen Belastungen für die Eltern bewegen sich bei den heute bestehenden Betriebskindertagesstätten zwischen monatlich 50 Mark für den Kindergarten- und 350 Mark für den Krippenplatz. (Zuschüsse aus öffentlicher Hand erhalten die Betriebe in der Regel nicht.)

□ *Der dritte Schritt: der Firmenleitung das Projekt vorstellen und ihre Zustimmung für die Realisierung einholen.* Daß die Sache um so erfolgversprechender ist, je sorgfältiger und sachkundiger sie präsentiert wird, versteht sich von selbst. Es empfiehlt sich, eine feste Arbeitsgruppe zu bilden, bestehend aus Mitgliedern des Betriebsrats und Vertretern betroffener Eltern.

□ *Der vierte Schritt: gemeinsam mit Vertretern der Firmenleitung die Struktur der geplanten Kindertagesstätte entwickeln.* Sie orientiert sich selbstverständlich an den Gegebenheiten, das heißt an der Anzahl und am Alter der zu betreuenden Kinder. Wie auch bei den kommunalen und kirchlichen Einrichtungen wird man, den neuen pädagogischen Erkenntnissen folgend, kleine Gruppen mit Kindern unterschiedlichen Alters bilden.

□ *Wichtig: rechtzeitig fachliche Beratung nutzen!* Betriebliche Kindertagesstätten unterliegen, wie alle Einrichtungen der regelmäßigen Kinderbetreuung, der Zuständigkeit der Landesjugendbehörde. Bevor eine Kindertagesstätte eröffnet werden kann, überprüft das zuständige Jugendamt, ob alles stimmt: die Anzahl und Gestaltung der Räumlichkeiten, die Ausstattung, die Qualifikation des Personals. Den behördlichen Auflagen in Fragen der Sicherheit (Treppen, Fußböden, sanitäre Einrichtungen, Spielgeräte usw.), in Fragen der Verkehrssicherheit und – nicht zuletzt – der Gesundheit ist Rechnung zu tragen. Um in all diesen Punkten von vornherein sicherzugehen, sollte man sich möglichst frühzeitig an das zuständige Jugendamt wenden und um Beratung bitten.

Berufstätige Mütter und Väter berichten

Zweifellos: Es tut sich was in Sachen Gleichberechtigung am Arbeitsplatz. Was aber nützen die bestgemeinten Gesetze, wenn in den Köpfen von Vorgesetzten und Kollegen die alten Muster vorherrschen. Wie schwer sich auch heute noch Personalleitungen tun können, wenn es darum geht, eine junge Frau im gebärfähigen Alter einzustellen oder einem Mann ohne Ausdruck der Befremdung Erziehungsurlaub zu gewähren, belegen die folgenden, authentischen Berichte von berufstätigen Männern und Frauen mit Kindern. Daß es sich um Einzelfälle handelt, ist (leider) nicht zu befürchten.
Die genauere Betrachtung der geltenden Gesetze zeigt außerdem, daß Erziehungsurlaub und Erziehungsgeld in der gegenwärtigen Höhe noch keine Dauerlösungen sein können. Keine alleinerziehende Mutter, kein alleinerziehender Vater kann von 600 Mark im Monat sich und sein Kind durchbringen.
Erfreulicherweise gibt es immer häufiger auch Lichtblicke, was das Verhalten von Firmenleitungen und Kollegen den arbeitenden Vätern und Müttern gegenüber betrifft. Auch hierzu – zwecks Ermutigung – einige Beispiele.

■ „Jeder hat die beiden mal gewindelt und gefüttert"

Die Mutter ist Architektin, 39 Jahre alt und inzwischen geschieden. „Ich denke immer noch mit großer Dankbarkeit an meine Kolleginnen und Kollegen zurück. Das ist jetzt schon über zehn Jahre her – trotzdem. Ich bin Innenarchitektin und arbeitete damals in einem Architekturbüro. Ausgerechnet in der heißen Schlußphase kurz vor der Fertigstellung eines großen Auftrages – wir richteten damals ein vielräumiges Jugendstil-Restaurant ein, und jeder hatte seine festen Aufgaben – bricht meine Kinderfrau mit einem Herzinfarkt zusammen. Mein damaliger Mann kurvte irgendwo im Nahen Osten herum, er ist Dokumentar-Filmemacher, meine Mutter betreute ihrerseits eine schwerkranke Schwester. Kurz und gut – ich schleppte meine Zwillinge, sechs Monate alt, ins Büro. Und erklärte: ‚Das muß jetzt irgendwie gehen, was meint ihr?' Die Kollegen, nur Männer, eine Frau, meinten erst mal gar nichts. ‚Hm', sagten sie und zuckten die Achseln. Die Kinder schliefen, jedes in seiner Tragetasche. Nach einer Weile fingen sie natürlich an zu quäken. Ich hatte alles dabei, Fläschchen, Windeln, Decken, auf denen sie spielen konnten. Ich versorgte also die beiden in einem unbenutzten Büroraum, breitete neben meinem Zeichentisch die Decken aus, streute Spielzeug drüber und packte die Kleinen dazwischen. Die anderen arbeiteten und arbeiteten – und guckten gar nicht hin. Der Chef, nicht älter als wir alle, stürmte herein: ‚Was ist denn hier los?' – ‚Tja', sagte ich und erzählte meine Geschichte. Auch er sagte nur ‚Hm', zuckte die Achseln – und rief uns alle zusammen, um etwas mit uns zu besprechen. Mittendrin fingen die Kinder an zu brüllen. Noch ehe ich reagieren konnte, schnappten sich zwei Kollegen je ein Kind, wortlos, schaukelten es auf dem Arm, und diskutierten weiter, so als wäre nichts. Die Babys waren vor lauter Schreck mäuschenstill.

Über vier Monate gingen wir sozusagen zu dritt zur Arbeit. Jeder der Kollegen hat die beiden mal gewindelt und gefüttert, getröstet und Blödsinn mit ihnen gemacht. Wir alle erlebten, wie sie zu krabbeln begannen, jeder brachte mal irgendein Spielzeug für die beiden mit. Und bei der Einweihungsfeier unseres Restaurants waren sie selbstverständlich auch dabei."

Die Zwillinge, beides Jungen, sind inzwischen elf Jahre alt. Die Mutter betreibt ein Antiquitätengeschäft. Mittags nach der Schule gibt es in der kleinen Küche hinterm Laden Mittagessen für die ganze Familie.

□ *Kommentar:* Das Verhalten der Kollegen ist ein wunderbares Beispiel von Kollegialität und im übrigen mittlerweile gar nicht mehr so selten. Im Windschatten der vielzitierten „deutschen Kinderfeindlichkeit" entwickelt sich ein neues, liebevolleres Selbstverständnis im Umgang mit Kindern.

■ „Wenn das auch unter Männern Schule macht ...!"

Der Vater, 32, ist Archivar, die Mutter, 31, Einkäuferin in einem großen Kaufhaus. „Ich hatte mir das Kind viel mehr als meine Frau gewünscht, also war für uns von vornherein klar, daß ich Erziehungsurlaub nehmen würde, sobald meine Frau nicht mehr stillte. Das war nach neun Monaten der Fall. Die Leute in der Personalabteilung schlugen erst mal entsetzt die Hände über dem Kopf zusammen: ‚Ach du liebe Zeit, wenn das auch unter Männern Schule macht, dann gerät unsere Personalplanung ja

vollkommen durcheinander!‘ Als vorher meine Frau ihren Erziehungsurlaub beantragt hatte, fanden das alle ganz selbstverständlich. Aber mein Beispiel hat bereits Schule gemacht. Zwei weitere Kollegen werden demnächst ebenfalls Teile des Erziehungsurlaubs in Anspruch nehmen – da hat die Personalleitung leider Pech gehabt. Zum Glück ist die Rechtslage so eindeutig, daß niemand ernsthaft Schwierigkeiten machen kann. Das bißchen Aufregung konnte ich gut ertragen, zumal ich meiner Sache absolut sicher war. Meine unmittelbaren Kolleginnen und Kollegen haben mich sehr bestärkt. Ich schätze das hoch ein; um so mehr, als während meiner Abwesenheit durch noch nicht eingearbeitete Aushilfskräfte zusätzliche Arbeit angefallen ist. Im übrigen denke ich, daß die nun dreijährige Freistellungsmöglichkeit immer mehr Paare auf die Idee bringen wird, sich den Erziehungsurlaub zu teilen. Männer im Erziehungsurlaub – das wird für Personalabteilungen sicher bald Routine sein.“
Die Tochter ist inzwischen elf Monate alt. Die Eltern hoffen, das Kind nach dem Erziehungsurlaub in eine Krippe geben zu können.

□ *Kommentar:* Das Beispiel belegt einerseits die häufig noch sehr konservative Haltung der Unternehmensleitungen und Personalabteilungen – und verweist andererseits auf den noch nicht sehr starken, aber immerhin erkennbaren Trend, daß Väter ihre Rolle allmählich ernst nehmen und sich von bürokratischen Hürden nicht abschrecken lassen.

■ „Einem Mann hätte man solche Fragen nicht gestellt“

Die Mutter ist Bankkauffrau, 32, der Vater Diplomingenieur, 34. „Gut drei Jahre war ich raus aus dem Beruf. Was hatte ich für Angst, als ich mich wieder um eine Stelle bewarb. Wie sollte ich bloß den Anschluß kriegen! Andererseits zog es mich in meinen Beruf zurück. Ich bin Bankkauffrau, hatte mich auf Kundenberatung spezialisiert, eine Arbeit, die mir sehr liegt. Da wir nach der Geburt unserer zweiten Tochter in eine andere Stadt gezogen waren, hatte ich den Kontakt zu meiner alten Bank natürlich gänzlich verloren. Dort hatte ich bis zur Geburt unserer ersten Tochter gearbeitet. Ich mußte bei Punkt Null anfangen. Und dann kam das Vorstellungsgespräch. Ich war eigentlich recht gut vorbereitet, trotzdem zitterten mir die Hände. Aber es kam alles ganz anders: Es ging gar nicht in erster Linie um fachliche Fragen – meine beruflichen Qualifikationen entnehme er meinen Papieren, sagte mein Gegenüber –, sondern vor allem darum, wie ich das mit den Kindern geregelt hätte. Ich

muß total erstaunt geguckt haben. Jedenfalls beharrte der Personalmann: ‚Dochdoch, das müssen wir wissen, das ist das A und O. Wenn das mit den Kindern nicht klappt, sind Sie nicht richtig bei der Sache. Und was ist', fragte er, ‚wenn die Kinder krank werden, wenn die Betreuungspersonen ausfallen? Und außerdem: Inwieweit ist Ihr Mann involviert?'
Ich wußte nicht, wie mir geschah. Irgendwie belustigte mich das alles, andererseits wurde ich immer wütender. Was ging den denn mein Privatleben an! Mir tut es heute noch leid, daß ich die einzig angemessene Frage ‚Würden Sie all das auch von einem Mann wissen wollen?' nicht gestellt habe. Aber ich habe mich nicht getraut. Immerhin habe ich etwas anderes gemacht. Ich habe gewissermaßen den Spieß umgedreht und gesagt: ‚Das finde ich aber wahnsinnig nett, daß Ihnen die Sache so am Herzen liegt', und habe haarklein geschildert, wie das bei uns abläuft. Ich habe gar nicht mehr aufgehört zu reden, bis der Personalmann sagte: ‚Na ja, so genau will ich das ja nun auch nicht wissen.' Aber ich hatte ihn überzeugt. Jeder Eventualfall war berücksichtigt, das hatte ihm wohl imponiert. Ich bekam die Stelle und habe mich sehr schnell eingelebt. Immer wenn ich den Mann treffe, fragt er mich nach den Kindern. Inzwischen ist es, glaube ich, echtes Interesse. Sein Sohn ist übrigens genau so alt wie unsere älteste Tochter. Er hat mir kürzlich ein Foto von ihm gezeigt."
Die beiden Kinder werden an zwei festen Wochentagen von einer Großmutter in deren Wohnung betreut, an den drei übrigen Tagen kommt eine Kinderfrau ins Haus. Das älteste Kind geht seit einem dreiviertel Jahr halbtags in den Kindergarten.

□ *Kommentar:* Das Gespräch mit dem Personalleiter zeigt, daß Kinder wie eh und je automatisch den Müttern zugestellt werden. Einem Mann wären Fragen wie die oben zitierten selbstverständlich nicht gestellt worden. All das ist zweifellos diskriminierend und höchst ärgerlich, aber – zumindest in vielen Fällen – die Realität. Die Reaktion der Frau war äußerst geschickt. Sie hat darauf verzichtet, scharf zu werden, hat aber dennoch nicht klein beigegeben, sondern vielmehr das Heft in die Hand genommen.

■ „Und Sie, Herr Personalchef, haben Sie Kinder?"

Die Mutter, 33, ist EDV-Spezialistin, der Vater, 39, Leiter eines kleinen Unternehmens für Reprografie. „Ich war gerade zweiundzwanzig geworden, sehr verliebt, und nun wurde ich auch noch zu einem Vorstel-

lungsgespräch geladen. Das heißt ja immerhin, meine Bewerbung als EDV-Spezialistin war bei einem großen Elektrokonzern auf Interesse gestoßen. In dem Gespräch selbst aber passierte etwas, was mich sehr irritierte. Der Personalverantwortliche fragte mich, ob ich schwanger sei. Er sagte, halb lachend, ihm sei schon klar, daß das eine unerlaubte Frage sei, aber er stelle sie trotzdem, er sei für offenen, ehrlichen Umgang miteinander. Ich verneinte die Frage. Und fühlte mich furchtbar unbehaglich. Es stimmte zwar, ich war nicht schwanger. Aber ich empfand es als demütigend, danach gefragt zu werden. Und es ging weiter. Der Mann wollte wissen: Wünschen Sie sich Kinder? Ich war fassungslos. Wie sollte ich das jetzt schon so genau wissen. Das war eine Frage, die ich mir selber noch nicht schlüssig beantwortet hatte. Es gehörte ja auch der richtige Mann dazu, und genug Geld – und überhaupt … ‚Ich weiß es nicht', sagte ich wahrheitsgetreu. ‚Aber das ist eine Frage, die ich jedenfalls nicht mit Ihnen besprechen möchte.' Damit stand ich auf und ging. Ich war vollkommen fertig. Mein Freund und auch meine Freundinnen konnten meine Aufregung, meine Wut, ja fast Verzweiflung gar nicht so richtig begreifen. Aber ich fühlte mich in meiner Würde angetastet. Ich habe dann nur noch kurz geschrieben, man solle mir meine Bewerbungsunterlagen zurückschicken. Das passierte auch prompt – und ohne Kommentar. Mittlerweile habe ich einen sechsjährigen Sohn. In der Firma, bei der ich nach diesem mißglückten Versuch schließlich anfing, fand man es ganz selbstverständlich, daß junge Frauen Kinder bekommen. Ganz im Gegenteil, ich hatte das Gefühl, die Geschäftsleitung freute sich mit. Als ich neun Monate nach der Geburt meines Kindes wieder an meinen Arbeitsplatz zurückkehrte, erwartete mich ein dicker Blumenstrauß und ein Kärtchen: ‚Wir freuen uns, daß Sie wieder da sind.'"
Der Sohn besucht inzwischen die erste Klasse. Nach der Schule wird er von den Eltern des Vaters betreut.

□ *Kommentar:* Fragen von Firmenchefs und Personalverantwortlichen nach Schwangerschaft und Kinderwunsch stehen gewissermaßen auf dem Index. Sie gelten als unerlaubt. Das bedeutet, daß man bei der Beantwortung sogar lügen darf. Konkret: Wenn eine Bewerberin die Frage nach einer Schwangerschaft wider besseres Wissen verneint, so kann das nicht geahndet werden. Falls sie angestellt und schließlich die Schwangerschaft offenkundig wird, so genießt sie selbstverständlich alle Rechte, die ihr aus der Schwangerschaft entstehen. Trotz der eindeutigen

Rechtslage werden Fragen dieser Art jedoch immer wieder gestellt. Die Reaktion der jungen Frau ist nur zu verständlich. Frauen in gleicher Lage sollten in die Offensive gehen und die Frage nach der Schwangerschaft als ungesetzlich und nicht erlaubt zurückweisen. Oder die Frage nach dem Kinderwunsch etwa mit der Gegenfrage kontern: „Und Sie – haben Sie Kinder? Wollen Sie welche?“ Soviel Schlagfertigkeit und Mut sind natürlich nicht jedermanns Sache, sind auch nicht einfach zu verlangen. Wichtig ist jedoch, daß Frauen solche Fragen nicht so beantworten, wie es der Gesprächspartner erwartet, sondern sich eine ausweichende Entgegnung zurechtlegen. Nur das kann Frauen auf die Dauer vor derartigen Angriffen auf ihr Selbstwertgefühl schützen und dazu führen, daß sich der Frager mit seinem Verhalten selber disqualifiziert.

■ Erziehungsurlaub? Allein nicht zu finanzieren

Die Mutter, 33, ist Journalistin und lebt nicht mit dem Vater ihres Kindes zusammen. „Ich traute meinen Augen nicht. Aber das Honorar für meine Radiosendung betrug genau die Hälfte des üblichen Betrags. Das muß ein Irrtum sein, dachte ich. Doch die Kollegin von der Honorarabteilung sagte, neinnein, das entspricht den Gepflogenheiten des Hauses. Das ist Intendantenbeschluß. Seit sechs Jahren bin ich festangestellte Redakteurin bei einem öffentlich-rechtlichen Sender. Zur Zeit bin ich im Erziehungsurlaub. Mein Anstellungsverhältnis ist davon unberührt. Wenn meine Tochter ein Jahr alt ist, werde ich an meinen Arbeitsplatz zurückkehren. Ich bekomme zur Zeit natürlich kein Gehalt. Lediglich die 600 Mark Erziehungsgeld. Trotz einiger Ersparnisse bin ich entsprechend knapp bei Kasse. Ich lebe allein mit dem Kind. Und Miete, Energie, das geht ja alles weiter. Bei meinem vorübergehenden Ausscheiden hatte ich besprochen, daß ich hier und da gern kleinere Beiträge für Sendungen machen würde, wenn's irgend geht, von meinem Schreibtisch zu Hause aus. Na klar, hieß es, kein Problem. Dann bekam ich mein erstes Honorar als Mutter. Genau die Hälfte von dem, wie gesagt, was freie Kollegen bekommen, die nicht im Erziehungsurlaub sind. Ich wandte mich an meine Vorgesetzten, an die Frauenbeauftragte des Senders. Man bestätigte, was mir immer noch nicht in den Kopf will: Für Mütter (und Väter) im Erziehungsurlaub gibt es nur die Hälfte. Schließlich würden ja die Sozialleistungen vom Sender bezahlt, hieß es. Außerdem würden alle Freigestellten so behandelt. Also auch die, die sich freistellen lassen, um ein Buch zu schreiben oder eine Informationsreise zu machen.

Gut und schön. Aber diese anderen haben Zeit, sich weiterzuqualifizieren, während ich den ganzen Tag um mein Baby herumwirbele. Und wenn ich Ruhe zum Arbeiten brauche, muß ich einen Babysitter bezahlen. Wenn ich nach dem Mutterschutz gleich wieder an meinen Arbeitsplatz zurückgekehrt wäre und mir eine Kinderfrau genommen hätte, stünde ich heute finanziell besser da. Ich hatte mir aber in den Kopf gesetzt, wenigstens ein Jahr lang mein Kind selber zu betreuen. Die Strafe folgte auf dem Fuße. Ich fühle mich jedenfalls ganz schön angeschmiert."
Wenn das Erziehungsjahr um ist, wird die Mutter bei ihrem bisherigen Arbeitgeber eine Halbtagsstelle annehmen. Während ihrer Abwesenheit soll eine Kinderfrau das Kind betreuen.

□ *Kommentar:* Dieser Fall berührt ein entscheidendes Problem. Von 600 Mark Erziehungsgeld kann niemand existieren – schon gar nicht mit Kind. Sinn macht es nur, wenn die Eltern des Kindes zusammenleben und einer der beiden Partner quasi für drei verdient. Das heißt: Wenigverdienende und Alleinerziehende haben aus wirtschaftlichen Gründen kaum eine Chance, sich eine Zeitlang ganz ihrem Kind zu widmen. Zu dieser bitteren Tatsache aber kommt absurderweise der Umstand hinzu, daß es nach wie vor nicht genügend preiswerte Möglichkeiten der Kinderunterbringung gibt. Der gesamtgesellschaftliche Beitrag, von Müttern und Vätern wird – auch finanziell – nicht angemessen gewürdigt.

■ „Ja, wenn es einen Betriebskindergarten gäbe ..."

Der Vater, 46, ist Chemotechniker, die Mutter, 42, ist Friseurin. „Als ich damals unserem Abteilungsleiter mitteilte, daß nicht meine Frau, sondern ich den Erziehungsurlaub in Anspruch nehmen wollte, sah er mich eine Weile sehr nachdenklich an – und sagte: ‚Jaja, Erziehungsurlaub ist gut, aber was ist dann?' Ich verstand ihn zunächst nicht. ‚Wie meinen Sie das?' fragte ich. Und er erzählte mir von sich selbst, von seinem eigenen Problem. Seine Tochter war damals eineinhalb Jahre alt, und seine Frau wollte nach dem Erziehungsurlaub wieder in ihren Beruf zurück. Nun ging es darum, jemanden für die Betreuung des Kindes zu finden. Und das war nicht zuletzt deshalb so schwierig, weil die Familie in einem Drei-Häuser-Nest knapp 30 Kilometer außerhalb der Stadt lebte. Da wollte kein Au-pair-Mädchen, keine Kinderfrau hin. Nun waren seine Frau und er dabei, in der Stadt, in der sie beide arbeiten würden, nach einer Betreuungsmöglichkeit Ausschau zu halten.

Wir sahen uns an – und kamen beide auf dasselbe: Ja, wenn es einen Betriebskindergarten gäbe ... Das war ein Stichwort, das uns nicht mehr losließ. Betriebskindergarten – warum eigentlich nicht? Wir warben für unsere Idee, bei den Kollegen, bei der Betriebsleitung. Ich arbeitete als Chemotechniker in einer damals 20köpfigen Forschungsabteilung, die dem Zweigwerk eines großen Chemiekonzerns angeschlossen ist. Insgesamt waren wir knapp 400 Kollegen. Es stellte sich heraus, daß 22 davon ein Betriebskindergarten höchst willkommen wäre.
Wir gewannen den Betriebsrat für unsere Idee. Er stellte sich gleichsam an die Spitze der Bewegung. Das Ergebnis nach sechs Monaten Verhandlungen mit der Geschäftsleitung, Diskussionen in alle Richtungen, Berechnung der Kosten für die Einrichtung und den laufenden Betrieb: In zweieinhalb ebenerdigen Firmenräumen, die auf firmeneigene Grünflächen hinausgehen, wurde tatsächlich ein Kindergarten eingerichtet. Das heißt: Wir selbst, die betroffenen Väter und Mütter, aber auch mindestens zwei Dutzend weiterer interessierter Kolleginnen und Kollegen übernahmen die Renovierung der Räume. Die Firma hatte sie uns mietfrei überlassen und übernahm auch die anfallenden Energiekosten. Außerdem steuerte sie aus ihrem Sozialfonds die Kosten für eine ausgebildete Erzieherin bei. Die Möbel und das Spielzeug wurden über Tombolas auf Betriebsfesten finanziert. Eine zweite Erzieherin und die laufenden Kosten, zum Beispiel für das Mittagessen, bezahlten die Eltern selbst. Der Betrag orientierte sich an den Gebühren der kommunalen Kindereinrichtungen. Die Eltern stellten sich, wenn erforderlich, auch für die Beaufsichtigung der Kinder zur Verfügung. Es war eine tolle Sache. Praktisch, zeitsparend, sehr beruhigend. Die Kinder wußten, wo Mutter oder Vater arbeiten, und es war ganz wunderbar, ab und zu dem eigenen Kind beim Spiel im Garten zuzuschauen. Und noch etwas: Es nützte insgesamt dem Betriebsklima. Zumindest die Mütter und Väter lernten sich nun viel besser kennen. Es kam zu herrlichen gemeinsamen Ausflügen. Unser Sohn hat diesen Kindergarten vier Jahre besucht. Von seinem zweiten Lebensjahr bis zum Schuleintritt.
Leider hat die Einrichtung nur sechs Jahre bestanden. Die Firma verkleinerte sich personell, Betriebsteile wurden an andere Standorte verlegt, und plötzlich gab es auch keinen Bedarf mehr. Aber es war eine wichtige Erfahrung. ‚Manchmal geht doch was!‘ – wir hatten den Beweis geliefert. Unser Sohn ist jetzt acht und besucht inzwischen die dritte Klasse. Nach dem Unterricht geht er in den der Schule angeschlossenen Hort.“

□ *Kommentar:* Richtig – manchmal geht doch was! Und aus einem zunächst unbedeutenden Gespräch entsteht etwas höchst Erstaunliches. Allerdings muß eine Menge zusammenkommen: gemeinsame Bedürfnisse, der Elan, die Beharrlichkeit aller Beteiligten, die Überzeugungskraft gegenüber der Betriebsleitung – und deren Bereitschaft, auf eine gute Idee aus der Belegschaft einzugehen. Diese Bereitschaft sollte viel häufiger angesprochen werden, denn nur wo ein Wille ist, läßt sich auch ein Weg bahnen.

6. Kapitel

Kind & Beruf – wie andere Länder das Problem lösen

Deutschland und die reichen Nachbarn Österreich und Schweiz

Die Bundesrepublik Deutschland, reichstes Land der Europäischen Gemeinschaft, hält – gemessen an seiner Wirtschaftskraft – in Sachen Kinderbetreuung hartnäckig den letzten Platz. In keinem der (wirtschaftlich vergleichbaren) EG-Länder gibt es (prozentual) weniger Krippenplätze; in keinem der übrigen EG-Länder sind Ganztagsschulen so unpopulär wie hier. Mehr noch: Den Krippen wie den Schulhorten (mit Mittagessen, Schulaufgabenüberwachung, nachmittäglichen Lern-, Sport- und Spielangeboten) hängt in Deutschland nach wie vor der Ruch unzulänglicher Aufenthaltsorte für die Kinder sozial Schwacher an; eine Sicht der Dinge, die mit der Realität längst nichts mehr gemein hat.
Zum Glück hat ein Umdenken begonnen. Doch die alten Vorstellungen wirken nach. Nur zögernd kommt eine Entwicklung in Richtung Bedarfsdeckung in Gang. Selbst bei den Kindergärten, mittlerweile mehr oder weniger unangefochten als notwendige Ergänzung zur elterlichen Erziehung eingestuft, gibt es noch immer erhebliche Defizite. In den alten Bundesländern fehlen rund 500 000 Plätze. Das heißt: Jedes vierte Kind zwischen drei und sechs Jahren muß verzichten.

■ Österreich: Ähnliche Verhältnisse wie in Deutschland

Die Schwierigkeiten, Kind und Beruf unter einen Hut zu bringen, sind in Österreich nicht viel geringer als in Deutschland. Regelungen, die berufstätigen Eltern zugute kommen, sind folgende:

□ *Nach dem Mutterschutz (acht Wochen vor bis acht Wochen nach der Entbindung) können Mutter oder Vater seit dem 1. Juli 1990 einen zweijährigen Karenzurlaub in Anspruch nehmen.* Die finanziellen Bedingungen sind geringfügig besser als die während des Erziehungsurlaubs in Deutschland. Statt in Deutschland 600 Mark, werden in Österreich monatlich öS 4893 (umgerechnet ca. 650 Mark) gezahlt.
□ *Während Schwangerschaft, Mutterschutz und Karenzurlaub besteht Kündigungsschutz* bis maximal vier Wochen nach dem Ende des zweijährigen Karenzurlaubes. Mit einer Einschränkung: Ein Arbeitgeber kann im zweiten Karenzjahr dann kündigen, wenn ihm die Weiterbe-

schäftigung aus wirtschaftlichen oder persönlichen Gründen nicht zumutbar ist. Eine solche Kündigung bedarf der Zustimmung des Arbeits- und Sozialgerichtes.

☐ *Zeiten des Karenzurlaubes werden in der Pensionsversicherung auf die Berufsjahre angerechnet.* (In Deutschland noch nicht gesetzlich abgesichert, in einigen Branchen aber über tarifvertragliche Bestimmungen geregelt.)

☐ *Die Pflegefreistellung* erlaubt es (seit 1977) jeder Arbeitnehmerin und jedem Arbeitnehmer, im Fall der Erkrankung eines nahen Angehörigen, bis zu einer Woche im Jahr bezahlt freizunehmen. Zu den nahen Angehörigen gehören Ehepartner, Lebensgefährten, Eltern – und selbstverständlich auch das eigene Kind. Da die eine Woche pro Jahr für die Pflege des erkrankten Kindes in der Regel nicht ausreicht, hat die Stadt Wien unter dem Slogan „Kinderpflege daheim" einen Sozialdienst eingerichtet. Der springt dann ein, wenn Mutter und Vater die Pflegefreistellung ausgeschöpft haben, das Kind (unter 13 Jahren) aber weiter Betreuung braucht. Die Kosten staffeln sich nach dem Einkommen der Eltern. (Die Anmeldung läuft über den Verein „Die Frau und ihre Wohnung", Bauernmarkt 6, 1010 Wien.)

☐ *Kinderkrippen (für die unter Dreijährigen) sind rar bis unbekannt.* 85 Prozent aller Krippenplätze bietet Wien. Aber auch hier ist der Bedarf nicht annähernd gedeckt. Die Wartelisten sind endlos. So gehen denn die meisten Mütter (seltener die Väter) bis zu zwei Jahre in Karenz – und suchen dann Tagesmütter oder private Kleinkindergruppen, um die Zeit bis zum Eintritt in den Kindergarten zu überbrücken.

☐ *Die Vermittlung von Tagesmüttern und Kindergruppen* haben folgende Vereine und Institutionen übernommen (nach Bundesländern geordnet):

Kärnten
Aktion Tagesmütter in
9020 Klagenfurt, Fromillerstr. 20
Tel. 04 63/51 20 30/21

Niederösterreich
Katholischer Familienverband in
3100 St. Pölten, Schreinergasse 14
Tel. 027 42/42 03

Niederösterr. Hilfswerk in
1010 Wien, Reichsratstr. 11
Tel. 02 22/408 64 86–0

Volkshilfe NÖ in
1080 Wien, Auerspergstr. 15
Tel. 02 22/48 64 24

Babysittervermittlung des Österr. Akademischen Gästedienstes in *1040 Wien*, Mühlgasse 20
Tel. 02 22/587 35 25

Babysittervermittlung der Österr. Hochschülerschaft in *1090 Wien*, Liechtensteinstr. 13
Tel. 02 22/34 65 18

Babysitterzentrale in *1160 Wien*, Herbststr. 6–10
Tel. 02 22/95 11 35

Landesverband Wien der Österr. Gesellschaft ‚Rettet das Kind' in *1010 Wien*, Schottenring 24
Tel. 02 22/66 14/412

Soziales Hilfswerk der ÖVP in *1010 Wien*, Falkestr. 3
Tel. 02 22/515 43/53

Wiener Kinderfreunde in *1080 Wien*, Albertgasse 23
Tel. 02 22/402 75 91

Bundesverband der Pflege-, Adoptiveltern- und Tagesmütter-Vereinigung in *1190 Wien*, Rodlergasse 15
Tel. 02 22/36 71 91/92 bzw. in *1090 Wien*, Servitengasse 9
Tel. 02 22/310 19 52

Oberösterreich

Aktion Tagesmütter in *4020 Linz*, Hamerlingstr. 4
Tel. 07 32/564 31/289

Informationsstelle Tagesmütter in *4722 Peuerbach*, Schulplatz 3
Tel. 072 76/23 70

Treffpunkt Tagesmütter in *4020 Linz*, Dametzstr. 43
Tel. 07 32/28 32 52

Verein Tagesmütter (Lesesaal) in *4810 Gmunden*, Am Graben

Verein Tagesmütter Wels in 600 Wels, Donauschwabenstr. 1
Tel. 072 42/617 05

Salzburg

Kinderfreunde in *5020 Salzburg*, Fischbachstr. 40
Tel. 06 62/279 27

Österr. Frauenbewegung in *5020 Salzburg*, Elisabethkai 58
Tel. 06 62/794 81/53

TEZ in *5020 Salzburg*, Franz-Josef-Str. 4
Tel. 06 62/717 50

Verein Salzburger Pflege- und Adoptivfamilien in *5020 Salzburg*, Rudolf-Bieblstr. 50
Tel. 06 62/81 71

Steiermark

Verein Tagesmütter der Diözese Graz in *8010 Graz*, Carnerigasse 34/II
Tel. 03 16/66 88 14

Tirol
Kath. Familienverband in
6020 Innsbruck, Wilhelm-Greilstr. 5
Tel. 05 12/57 77 06

MOBEDI – Mobiler Betreuungsdienst Osttirol in
9900 Lienz, Billrothstr. 19
Tel. 048 52/684 18

Verein der Tagesmütter in
6500 Landeck, Schulhausplatz 11
Tel. 054 42/666 00

Zentrum ‚Frauen im Brennpunkt'
6020 Innsbruck, Stainerstr. 2/II
Tel. 05 12/721 93

Vorarlberg
Tagesmütter-Projekt des BFI Vorarlberg in
6900 Bregenz, Reuttegasse 11
Tel. 055 74/341 97

□ *Kindergärten (für Kinder ab drei Jahre) sind reichlicher vorhanden.* Dennoch empfiehlt es sich, das Kind gleich nach seiner Geburt anzumelden, vor allem in den kleineren Städten. In Wien ist der Bedarf an Kindergartenplätzen weitgehend gedeckt. Unbefriedigend sind nach wie vor die unangepaßten Öffnungszeiten. Um 16 Uhr ist in der Regel Schluß, sowohl in den öffentlichen wie den privaten Einrichtungen – eine Gepflogenheit, die die berufstätigen Eltern natürlich unter erheblichen Streß setzt. Auskünfte über Kindergärten geben das örtliche Jugendamt, das Sozialamt, die Schulverwaltung.
□ *Ganztagsschulen beziehungsweise an die Schulen angeschlossene Horte sind äußerst knapp.* Unregelmäßige Unterrichtszeiten verschärfen das Problem. Wie in Deutschland beginnt der Unterricht heute zu dieser, morgen zu jener Zeit, kehren die Kinder heute um 11 Uhr, morgen um 14 Uhr zurück – was die Betreuung erheblich erschwert.
□ *Eine Kinderbetreuungs-Beihilfe* erleichtert es wenig verdienenden Müttern und Vätern, die Gebühren für Betreuungseinrichtungen, für eine Tagesmutter (sofern diese durch einen einschlägigen Verein vermittelt wurde) oder für ein Tagesschulheim beziehungsweise Hort zu finanzieren. Genauere Auskünfte erteilen die zuständigen Arbeitsämter.
□ *Zwei Gesetzesänderungen stehen in Österreich unmittelbar bevor:*
1. Die Verlängerung des Kündigungsschutzes von jetzt vier auf 20 Wochen nach dem Mutterschutz beziehungsweise nach dem Karenzurlaub.
2. Der gesetzlich verankerte Anspruch auf Teilzeitarbeit von Vater oder Mutter, bis das Kind vier Jahre alt ist.

■ Reich, aber rückständig: der Nachbar Schweiz

In der Schweiz geht die Obrigkeit nach wie vor von der Familie alten Stils aus. Zwar wurden im Jahre 1988 schließlich auch hier die gesetzlichen Grundlagen für eine freie Aufgabenverteilung zwischen Mann und Frau in der Ehe geschaffen; doch gilt für die Mehrzahl der Verantwortlichen nach wie vor: Der Mann verdient das Geld, die Frau zieht die Kinder groß und versorgt den Haushalt.

Die Bedürfnisse der jungen Familien sehen häufig völlig anders aus. Nur knapp ein Drittel der Schweizerinnen geben mit der Eheschließung ihren Beruf auf. Und obwohl mehr als die Hälfte auch dann gern weiter berufstätig blieben, wenn ein Kind da ist, hat die Schweiz die geringste Frauenerwerbsquote innerhalb der (wirtschaftlich) vergleichbaren europäischen Länder.

So gelang es denn auch erst 1989, Kündigungsschutz- und Arbeitsschutzmaßnahmen für Schwangere und junge Mütter gesetzlich abzusichern. (Noch 1984 und 1987 waren einschlägige Initiativen in diese Richtung von der Regierung rigoros abgeschmettert worden.) Die Schutzbestimmungen für Schwangere und junge Mütter sind in der Schweiz also noch relativ neu:

□ *Während der Schwangerschaft und bis 16 Wochen nach der Entbindung besteht Kündigungsschutz.*

□ *Junge Mütter dürfen bis acht Wochen nach der Entbindung nicht beschäftigt werden.* Diese Frist kann auf ausdrücklichen Wunsch der Mutter auf sechs Wochen verkürzt werden.

Gegen den Lohnausfall während dieser acht Wochen lassen sich die Schweizerinnen bei einer privaten Krankenversicherung absichern. Diese Kasse zahlt bis zu zehn Wochen nach der Entbindung ein Tagegeld, das den Lohnausfall in etwa deckt.

□ *Wurde eine solche Versicherung nicht abgeschlossen, ist der Arbeitgeber zu Lohnfortzahlungen „über einen angemessenen Zeitraum" verpflichtet.* Genaue Regelungen gibt es nicht, lediglich Richtwerte, die einzelne Frauen vor Arbeitsgerichten erwirkt haben. So kann eine Mutter im zweiten „Dienstjahr" mit vier Wochen Lohnfortzahlung rechnen, eine Mutter im sechsten „Dienstjahr" mit acht Wochen.

□ *Schwangere wie stillende Mütter dürfen nicht zu Überstunden herangezogen werden.* Wenn sie sich nicht wohl fühlen, können sie selbstverständlich den Arbeitsplatz verlassen. Allerdings: Überschreiten die Fehlzeiten wegen Schwangerschaft und Geburt zwei Monate, so kann der Arbeitgeber die Urlaubsansprüche der Betroffenen kürzen.

□ *Einige Gewerkschaften haben für die bei ihnen organisierten Frauen Sonderrechte erkämpft.* Es kann sich also lohnen, sich beim jeweiligen Gewerkschaftsbüro über die genauen Regelungen zu informieren.

Betreuungsplätze für Kinder sind in der Schweiz äußerst rar. Staat und Kommunen agieren in diesem Punkt außerordentlich zurückhaltend. Über 80 Prozent der wenigen bestehenden Einrichtungen sind privat organisiert. Struktur, Ausstattung und Gebühren dieser Institutionen sind entsprechend uneinheitlich. Aber auch bei den öffentlichen Kindergärten und Horten sind die Regelungen von Kanton zu Kanton, von Gemeinde zu Gemeinde verschieden.
Die Folge dieser höchst unbefriedigenden Umstände ist, daß berufstätige Mütter die Betreuung ihrer Kinder in der Regel selber organisieren müssen. Institutionen, die hierbei helfen, sind:

Bund Schweizerischer
Frauenorganisationen in
3001 Bern, Altikofenstr. 182
Tel. 31/921 48 48

Schweizerischer Verband alleinerziehender Mütter und Väter in
8001 Zürich, Kuttelgasse 8
Tel. 01/212 25 11

Koordination ‚Pro Juventute'
8022 Zürich, Postfach
Tel. 01/251 72 44

Schweiz. Krippenverband in
8022 Zürich, Zwingliplatz 1
Tel. 01/251 72 40

Verein Tagesschulen in
8006 Zürich, Rötelstr. 11
Tel. 01/361 42 88

In der EG ist das Niveau noch sehr unterschiedlich

Die EG-Kommission hat einen „Vorschlag für eine Empfehlung des Rates zur Kinderbetreuung" vorgelegt (veröffentlicht als Bundesratsdrucksache 554/91). Darin heißt es unmißverständlich: „Es wird den Mitgliedstaaten empfohlen, Maßnahmen auszuarbeiten, die es Frauen und Männern ermöglichen, ihre beruflichen und ihre familiären Verpflichtungen, die sich aus der Kinderbetreuung und -erziehung ergeben, miteinander in Einklang zu bringen."
Erwähnt werden im einzelnen:
„1. Bereitstellung von Kinderbetreuungsmöglichkeiten, während die Eltern erwerbstätig oder auf Arbeitssuche sind oder sich in Aus- oder Fortbildung befinden;
2. Urlaubsvereinbarungen für erwerbstätige Eltern;
3. die Gestaltung von Umgebung, Struktur und Organisation des Arbeitsplatzes in der Weise, daß sie den Bedürfnissen der Betreuer von Kindern entsprechen (also etwa flexible Arbeitszeiten, Pausenregelungen für stillende Mütter, günstige Verkehrsanbindung beziehungsweise das Bereitstellen von Bussen, damit die Beschäftigten ihre Arbeitsplätze in einer angemessenen Zeit erreichen können);
4. Teilung der familiären Pflichten, die sich aus der Kinderbetreuung und -erziehung ergeben, zwischen Mann und Frau".

■ Große Vorbilder innerhalb der EG: Dänemark und Belgien

Dänemark hält, wirtschaftlich betrachtet, mit Deutschland den ersten Platz in der EG; Belgien steht erst an sechster Stelle. Dänemark ist reich, Belgien ist vergleichsweise arm. Und doch haben beide Länder etwas gemeinsam: Sie dürfen für sich in Anspruch nehmen, auf dem Gebiet der Kinderbetreuung Vorbildliches zu leisten.

□ *Dänemark:* Nahezu jedes drei- bis sechsjährige Kind hat seinen Kindergarten- beziehungsweise Vorschulplatz. (In Dänemark beginnt die Schulpflicht erst mit dem siebten Lebensjahr.)
Dänemark hat darüber hinaus – als einziges Land in der EG! – auch den Bedarf an Betreuungseinrichtungen für die unter Dreijährigen fast voll-

ständig abgedeckt. Rund 50 Prozent dieser Kinder werden in öffentlichen Einrichtungen versorgt. Das heißt: Eltern, die für ihr Kind einen Krippenplatz suchen, finden ihn auch. (Die Frauenerwerbsquote ist mit 82 Prozent denn auch die höchste in der EG.)
Eltern können an den 14wöchigen Mutterschaftsurlaub (nach der Entbindung) und den zweiwöchigen Vaterschaftsurlaub einen zehnwöchigen Elternschaftsurlaub anschließen. Einen darüber hinausgehenden Erziehungsurlaub gibt es nicht.
Ein gesetzlicher Anspruch auf Urlaub zur Pflege eines kranken Kindes existiert nicht, doch wurden für nahezu alle Branchen entsprechende tarifvertragliche Regelungen vereinbart.
□ *Belgien:* Rund 25 Prozent der Kinder bis zu drei Jahren werden derzeit in entsprechenden Einrichtungen betreut. Damit ist der Bedarf zwar noch nicht abgedeckt, trotzdem steht Belgien mit diesem Angebot an Krippenplätzen an zweiter Stelle in der EG. Ebenso wie in Dänemark hat in Belgien jedes drei- bis sechsjährige Kind seinen Kindergarten- beziehungsweise Vorschulplatz. Zusätzliches Plus: die Kinder können ganztägig im Kindergarten und in der Schule bleiben. Auch in den Ferien. Beide Institutionen öffnen um 8.30 Uhr und schließen um 16 Uhr. Wenn diese Zeiten nicht mit den Arbeitszeiten der Eltern in Einklang zu bringen sind, werden Vor- und/oder Nachbetreuungsmöglichkeiten eingerichtet (von 7 bis 18 Uhr). In den Ferien bieten die Schulen Ausflüge und vielfältige weitere Aktivitäten an. Das Problem „Wohin mit den Kindern, während beide Eltern arbeiten?“ stellt sich in Belgien berufstätigen Müttern und Vätern also gar nicht mehr. (Dafür haben sie beträchtliche andere Sorgen: Die Frauen-Arbeitslosigkeit wird mit 13 Prozent nur noch von den Verhältnissen auf dem Arbeitsmarkt in den neuen deutschen Bundesländern übertroffen.)
In Belgien gibt es keinen gesetzlich definierten Erziehungsurlaub. Doch haben die Arbeitnehmer und Arbeitnehmerinnen das Recht, im Laufe ihres Arbeitslebens maximal fünfmal einen bis zu zwölfmonatigen Urlaub „aus familiären oder persönlichen Gründen“ zu nehmen (mit relativ geringer Pauschalentlohnung durch den Arbeitgeber). Junge Mütter und Väter nutzen diesen Urlaub im Sinne eines Erziehungsurlaubs häufig nach der Geburt des Kindes. Einen gesetzlich verankerten Anspruch auf Urlaub zur Pflege eines kranken Kindes gibt es nicht, allerdings existieren – wie in Dänemark – in Belgien in vielen Branchen entsprechende tarifvertragliche Regelungen.

■ **Übrige EG-Länder: Nachholbedarf gibt es überall**

□ *Frankreich:* Der Bedarf an Kindergartenplätzen ist fast zu 100 Prozent gedeckt, zumindest in den Gemeinden ab 1000 Einwohner. Ab ihrem dritten Lebensjahr werden die Kinder in der „École Maternelle" betreut, einer Mischung aus Kindergarten und Vorschule. Diese Einrichtungen sind von 8.30 Uhr bis 16.30 Uhr geöffnet. Für die Grundschulen gelten die gleichen Öffnungszeiten. In beiden Einrichtungen stehen bei Bedarf zusätzliche Betreuungsmöglichkeiten zur Verfügung, und zwar vormittags von 7.30 Uhr bis zur Öffnung, nachmittags von 16.30 Uhr bis 18.30 Uhr. Gut 22 Prozent der Kleinkinder bis zu drei Jahren (von wiederum 40 Prozent der Zwei- bis Dreijährigen) werden in entsprechenden Einrichtungen versorgt.

Der Elternurlaub dauert maximal drei Jahre. Allerdings: Es gibt in Frankreich kein gesetzlich festgeschriebenes Anrecht auf eine Beurlaubung zur Pflege kranker Kinder.

□ *Italien:* Auch hier hat nahezu jedes Kind zwischen drei und sechs Jahren seinen Platz in der mit unserem Kindergarten vergleichbaren „Scuola Materna".

Sechs Prozent der unter Dreijährigen werden in öffentlichen Krippen betreut. Gut ein Fünftel der Kinder besuchen Ganztagsschulen.

Der Erziehungsurlaub beträgt bislang nur sechs Monate. Er kann von Mutter oder Vater in Anspruch genommen werden. Aber *nur* die Mütter können zur Pflege eines kranken Kindes (unbezahlten!) Urlaub nehmen.

□ In *England,* in *Irland* und in den *Niederlanden* ist die Situation grundsätzlich anders als etwa in Deutschland: In England und in den Niederlanden besteht schon mit fünf Jahren Schulpflicht. Darüber hinaus besucht bereits eine große Anzahl Vierjähriger die Schule. In Irland setzt die Schulpflicht zwar erst mit sechs Jahren ein, doch gehen auch hier praktisch sämtliche Fünfjährigen und gut die Hälfte der Vierjährigen in die Grundschule (die mit unseren Vorschuleinrichtungen zu vergleichen ist). Die Zeiten für Unterrichtsbeginn und -ende liegen fest und sind täglich gleich. (Von ca. 9 bis ca. 15.30 Uhr.) Die britischen Schulen bieten ein kostenloses warmes Mittagessen an. In Irland und in den Niederlanden verzehren die Kinder in der Regel das mitgebrachte Mittagsbrot.

In den genannten Ländern konzentriert sich die Kinderbetreuung also mehr oder minder auf die Schule. Wobei der Blockunterricht einerseits und die mittägliche Versorgung andererseits (wenn auch in Irland und in den Niederlanden meist von Eltern selbst besorgt) den berufstätigen

Eltern die Organisation des Alltags durchaus erleichtern. Die von der öffentlichen Hand finanzierten Betreuungseinrichtungen für die unter Vierjährigen sind allerdings – vor allem in England und in Irland – ziemlich dünn gesät.
In England wie in Irland gibt es weder Erziehungsurlaub noch eine Beurlaubung von Mutter oder Vater zur Pflege des erkrankten Kindes.
In den Niederlanden wurde ein Elternurlaub vom Parlament zwar genehmigt, bislang ist er jedoch noch nicht geltendes Recht. Eine Anzahl von Sonderurlaubsrechten für Eltern wurde allerdings in tarifvertraglichen Vereinbarungen festgelegt.
☐ In *Spanien, Portugal, Griechenland* sind Ganztagsschulen (mit Mittagessen und Mittagspausenbetreuung) vielerorts gang und gäbe. Die außerfamiliäre Betreuung der Vorschulkinder aber hat hier noch nicht die Bedeutung wie in den meisten anderen EG-Ländern. Nach wie vor versucht man, das Problem innerhalb der Familie, der Nachbarschaft zu lösen. Das Thema Elternurlaub wurde allerdings heftig diskutiert. In Spanien können Frau oder Mann nach dem Mutterschutz zwölf Monate unbezahlten Urlaub nehmen. Eltern mit Kindern unter sechs Jahren können eine Arbeitszeitreduzierung beantragen, der „nach Möglichkeit" stattgegeben werden muß (Allerdings ohne Entschädigung). Mutter oder Vater haben während der ersten beiden Tage einer Erkrankung ihres Kindes Anspruch auf (unbezahlten) Urlaub.
In Portugal können Eltern 24 Monate (unbezahlten) Erziehungsurlaub nehmen. Zur Pflege eines erkrankten Kindes können Mutter oder Vater (unbezahlten) Urlaub erhalten; lediglich Regierungsbeamte bekommen bezahlten Pflegeurlaub. (Mit der Folge, daß im öffentlichen Dienst häufig von dieser Möglichkeit Gebrauch gemacht wird, im Privatsektor jedoch nicht.)
In Griechenland gibt es einen gesetzlichen Elternurlaub von je drei Monaten für Mutter und Vater. Zur Pflege eines erkrankten Kindes können die Eltern unbezahlten Urlaub nehmen.

Musterländer im Norden: Schweden, Norwegen und Finnland

In den skandinavischen Ländern haben Frauenemanzipation und Gleichberechtigung zwischen Frauen und Männern Tradition. Kirchen und Konservative hatten hoch oben im Norden Europas nicht die Macht, die Entwicklung der Frauen so nachhaltig zu verzögern wie weiter südlich. Weshalb sich die Frauen hier denn auch früher auf die eigenen Füße stellten und ihr Geschick (samt Broterwerb) in die eigenen Hände nahmen als anderswo. Mit dem Resultat: Nirgendwo lassen sich Beruf und Kind leichter miteinander verbinden als beispielsweise in Schweden und Finnland.

■ Schweden: Beneidenswert, was dort geboten wird

Das Nicht-EG-Land Schweden verfügt über Einrichtungen, die es nirgendwo sonst auf der Welt gibt: Für die Kinder von Müttern und Vätern mit Schicht- und Nachtdiensten stehen Kindergärten zur Verfügung, die Tag und Nacht geöffnet sind, in denen also für jedes betroffene Kind ein Bettchen da ist – und eine Betreuerin, die Gutenacht-Geschichten vorliest. Damit hat Schweden eine elterliche Forderung erfüllt, die auch in Deutschland immer häufiger erhoben wird: die Öffnungszeiten der Kinderbetreuungseinrichtungen auf die Arbeitszeit der Eltern abzustimmen. Die in Schweden üblichen Tagesstätten für die Vorschulkinder und die Freizeitheime für Größere (bis zwölf Jahre) sind werktags von 6.30 Uhr bis 18.30 Uhr geöffnet. Auch in den Ferien.
Als Folge dessen hält sich in Schweden die Anzahl der männlichen und weiblichen Berufstätigen die Waage. Gut 85 Prozent der 20- bis 65jährigen Frauen gehen einem Beruf nach (In Westdeutschland knapp 50 Prozent). Diese Daten belegen schlüssig den engen Zusammenhang zwischen ausreichender Kinderbetreuung und weiblicher Berufstätigkeit.
Interessant in diesem Zusammenhang: Die Schwedinnen haben durchschnittlich zwei Kinder, die Frauen in Westdeutschland im Schnitt 1,4. Trotz größerer Kinderzahl aber bekommen schwedische Familien das Problem „Beruf und Kind“ besser in den Griff – kein Wunder bei flankierenden Maßnahmen so beachtlicher Art. Einige Beispiele sollen zeigen, was bei uns noch zu verändern wäre.

□ *Nach der Geburt des Kindes kann auch der Vater zehn Tage (bezahlten) Urlaub nehmen* (Bei uns nicht).
□ *Im Anschluß an den Mutterschutz haben Mutter oder Vater Anspruch auf einen einjährigen, nahezu vollbezahlten Erziehungsurlaub.* (Bei uns werden während des Erziehungsurlaubs monatlich maximal 600 Mark Erziehungsgeld gezahlt.)
□ *Bis zum achten Lebensjahr des Kindes haben Mutter oder Vater gesetzlichen Anspruch auf Teilzeitbeschäftigung* und können anschließend problemlos wieder voll einsteigen. (Bei uns ist Teilzeitarbeit häufig nur unter Mühen zu haben. Ein Anspruch darauf besteht nicht.)
□ *Wird das Kind krank, können Vater und Mutter bis zu 60 bezahlte Tage pro Jahr und Kind freinehmen.* (Bei uns haben die Mütter und Väter Anspruch auf maximal zehn Tage pro Kind und Jahr.)
□ *Kommt das Kind in den Kindergarten, so dürfen Mutter oder Vater es zwei Tage lang begleiten,* um ihm das Einleben in den Kindergarten zu erleichtern. (Bei uns gibt es nichts dergleichen.)

Noch ein Unterschied zur deutschen Situation: In Schweden nutzen mittlerweile fast gleich viele Männer wie Frauen den Sonderurlaub zur Pflege eines kranken Kindes. Bei uns dagegen sind Väter am Krankenbett ihres Kindes immer noch die große Ausnahme.

■ Norwegen: Viel Gleichberechtigung, wenig Kinderbetreuungseinrichtungen

Was die Beteiligung der Frauen an der Politik betrifft, liegt Norwegen in Europa an der Spitze. Der Premierminister ist eine Frau (Gro Harlem Brundtland); und neun von 19 Ministern sind weiblichen Geschlechts. Das „Gesetz über die Gleichstellung der Frau“ (aus dem Jahre 1979) schreibt unter anderem zwingend vor, daß sämtliche öffentlichen Verbände, Vereine, Zusammenschlüsse mindestens 40 Prozent weibliche Mitglieder haben müssen. Und umgekehrt darf in keinem öffentlichen Gremium ein Geschlecht mit mehr als 60 Prozent vertreten sein. Die Rate der berufstätigen Frauen ist denn auch vergleichsweise hoch: 70 Prozent der 25- bis 66jährigen Frauen sind berufstätig; gegenüber 83,3 Prozent der Männer gleichen Alters.
Um so erstaunlicher ist es, daß das Land in Sachen Kinderbetreuung bis jetzt wesentlich weniger bietet, als man erwarten sollte. Nur sechs Prozent der unter Zweijährigen, 28 Prozent der Zwei- bis Vierjährigen,

54 Prozent der Vier- bis Sechsjährigen und 70 Prozent der Sechsjährigen besuchen Kindertagesstätten.
An die Geburt eines Kindes schließt sich ein einjähriger Erziehungsurlaub an. Während der ersten sechs Wochen besteht Mutterschutz, das heißt: die Frau darf nicht beschäftigt werden. Ab diesem Zeitpunkt können die Frau oder der Mann den Erziehungsurlaub nutzen. 38 Wochen davon werden mit rund 80 Prozent des früheren Gehalts vergütet. Der (unbezahlte) Vaterschaftsurlaub beträgt zwei Wochen. Zehn Tage bezahlten Urlaub pro Jahr erhalten Mutter und Vater zur Pflege ihres kranken Kindes.

■ Finnland: Intakte Familien, weil das Umfeld stimmt

Die finnischen Frauen sind gleichsam Pionierinnen auf dem Gebiet der Gleichberechtigung. Bereits im Jahre 1906 eroberten sie sich das aktive und passive Wahlrecht – als erste Frauen Europas, und, nach den Neuseeländerinnen, die zweiten in der Welt. (Deutsche Frauen können bekanntlich seit 1918 an Wahlen teilnehmen.) Bis heute gehören die Finninnen zu den politisch aktivsten Frauen Europas. Sie halten 77 von insgesamt 200 Sitzen im Parlament. Sieben von 17 Ministern sind Frauen. Frauenerwerbstätigkeit hat in Finnland bereits eine lange Tradition. Schon im Jahre 1920 verdienten 40 Prozent der Frauen eigenes Geld, inzwischen sind längst gleich viel Frauen wie Männer berufstätig. Die jungen Paare von heute hatten also Mütter und Großmütter, die ihrerseits ganz selbstverständlich berufstätig waren. Die Frage „Kind *oder* Beruf" wird deshalb heute als geradezu absurd empfunden.
„Kind *und* Beruf" – die Kombination ist finnischer Alltag. (Einziges, allerdings erbittert registriertes und heftig bekämpftes Defizit: die im Grunde selbstverständliche Forderung „Gleicher Lohn für gleichwertige Arbeit" ist selbst in Finnland noch nicht überall erfüllt. Die Finninnen erzielen, ähnlich wie die Schwedinnen, insgesamt gesehen nur 87 Prozent des Männerlohns. Zum Vergleich: In den alten deutschen Bundesländern verdienen die Frauen ein Drittel weniger als die Männer.)
In Finnland gehen morgens Väter, Mütter und Kinder gemeinsam aus dem Haus. Die Eltern streben an ihre Arbeitsplätze, die Kinder in die Krippen, Kindergärten, Vorschulen, Schulen (selbstverständlich mit Nachmittagsbetreuung). Jedes Kind hat seinen Platz. Sämtliche Familienmitglieder versorgen sich mittags aus Betriebs- beziehungsweise Kindertagesstätten-Kantinen. Man ißt in Finnland bereits zwischen elf und

zwölf zu Mittag, zwischen 17 und 18 Uhr zu Abend. Der Feierabend ist also lang. Allerdings müssen die Angehörigen bestimmter Berufe – etwa Ärzte, Lehrer, Erzieher – permanente Weiterbildung nachweisen und pro Jahr an einer festgelegten Anzahl von Kursen teilnehmen, um auf dem laufenden zu bleiben. Wer sich entzieht und nicht Teile seiner Freizeit in Qualifizierungsmaßnahmen investiert, riskiert seinen Aufstieg.
Auf der Suche nach dem Geheimnis des so entschiedenen Auftretens der finnischen Frauen und Männer, der heiteren Gelassenheit, mit der sie ihre Ehen, Berufe, Kinder unter einen Hut bekommen, wird man (auch) auf den langen dunklen finnischen Winter verwiesen. Dieser nämlich zeitigt angeblich ein Phänomen, das mit „Sisu" umschrieben wird. „Sisu" ist nur unzureichend übersetzbar. Beharrlichkeit, Unverrückbarkeit, eine gewisse Sturheit mit Pfiff – diese Begriffe kommen „Sisu" vielleicht noch am nächsten. Doch „Sisu" hin oder her – die beispielhafte finnische Variante des Themas „Kind und Beruf" beruht letztlich auf dem feinabgestimmten Ineinandergreifen dieser drei Dinge: einer ausreichenden Anzahl gutausgestatteter Kindereinrichtungen, einer selbstverständlichen Gleichberechtigung in der Partnerschaft und einer ebenso selbstverständlichen Nachbarschaftshilfe, die in Finnland eine lange Tradition hat und erstaunlicherweise selbst in die Wohnblocks Helsinkis hinübergerettet werden konnte. Zudem sind die Finnen Familienmenschen. Die Familienbande sind eng, man unterstützt einander, springt ein, hilft weiter, wann immer es notwendig ist, und alle Augenblicke führt ein Fest den Clan zusammen. Angesichts dessen geraten die leidenschaftlich geführten Debatten, die hierzulande immer noch über das Für und Wider der Berufstätigkeit von Frauen geführt werden, endgültig zur rückständigen und peinlichen Farce.
Nein, die Kinder nehmen keinen Schaden, wenn ihre Mütter berufstätig sind, die Familie bricht *keineswegs* auseinander, und der Streß bringt die Menschen *nicht* um. Jedenfalls dann nicht, wenn das Umfeld stimmt.

7. Kapitel

Die Liebe darf nicht auf der Strecke bleiben

Gleichberechtigung ist nicht Gleichmacherei

Beruf und Kind zum Wohle aller Beteiligten unter einen Hut zu kriegen, das ist in jedem Fall ein Kunststück. Es erfordert einen klaren eigenen Standpunkt, Kreativität, Beharrlichkeit, Organisationstalent, Flexibilität und Kompromißbereitschaft. Wo all dies, mehr oder minder ausgeprägt, vorhanden ist, da funktioniert es auch, ohne daß die partnerschaftliche Beziehung darunter leidet. Allerdings nicht immer. Trotz guter Voraussetzungen, sprich: aufrichtiger Kooperationsbereitschaft des Mannes und guter Betreuungsmöglichkeiten durch Dritte, bleibt doch oft der größere Teil der Belastung an der Frau hängen; schleicht sich eine diffuse Mißgelauntheit ein; die Umarmungen des Paares werden seltener, leidenschaftsloser, bis, im schlimmsten Fall, im Bett so gut wie gar nichts mehr läuft. Was ist hier passiert?

Natürlich gibt es auf eine solche Frage nicht nur eine Antwort. Schließlich hat jede Partnerschaft ihre ganz eigene innere Struktur, funktioniert jede Familie auf ihre spezifische Weise. Doch gibt es bestimmte Grundregeln, gegen die zu verstoßen *keiner* Partnerschaft guttut. Eine lautet: Mann und Frau sind zwar gleichberechtigt, aber *nicht* gleich, und sie sollten nicht so tun, als wäre es anders. Das ist ein Allgemeinplatz, zugegeben. Gleichwohl wird er im Eifer der gerechten Aufgabenverteilung zwischen berufstätiger Mutter und berufstätigem Vater nur allzu häufig außer acht gelassen. Angenommen, Mann und Frau teilen sich sämtliche anfallenden Arbeiten, vom Waschen und Bügeln übers Kinderwindeln bis hin zur Wartung des Autos, nach dem Motto: „Was du kannst, kann ich schon lange, und wenn ich es nicht kann, so kann ich es lernen.“ Wunderbar – Gleichberechtigung wie aus dem Bilderbuch. Doch hat die Sache auch eine Kehrseite: Die Austauschbarkeit von Mann und Frau, die auf diese Weise entsteht (entstehen kann), führt nur allzu häufig zu einem stetigen Abbau der gegenseitigen Attraktion. Der/die mir so Gleiche reizt mich nicht länger. Nicht zum Widerspruch, zum Kabbeln, Necken, Streiten – auch nicht, ihn/sie zu becircen, zu verführen, ins Bett zu locken. Ohne Andersartigkeit, an der es sich zu reiben gilt, ohne eine gewisse Fremdheit, die für Überraschungen gut ist, erlöschen schließlich Liebe und Lust.

Damit hier kein Irrtum entsteht – dies ist keineswegs ein Plädoyer für den überkommenen Zustand: Die Frau ist die Weiche, der Mann ist der Harte, die Frau ist zuständig für innen, der Mann ist zuständig für außen. Es ist vielmehr die Warnung vor allzuviel Gleichmacherei. Weil sie weder Mann noch Frau gerecht wird – und letztlich beide unglücklich macht.
Wenn ein (berufstätiges) Elternpaar darangeht, den Alltag zu organisieren, dem Familienleben Struktur zu geben, so handelt es sich ja nicht nur darum, genügend Geld zu verdienen, beruflich voranzukommen und das Kind maximal zu versorgen, es geht auch darum, die gegenseitige Faszination zu erhalten, besser noch: sie auszubauen. Liebe und Partnerschaft sind es ja schließlich, worauf das Ganze beruht, sie sind das Fundament, das dem komplizierten Konstrukt aus Familienleben und Berufstätigkeit eine verläßliche Basis sein soll.
Die Münchner Partnerschaftstherapeutin Brigitte Lämmle nennt drei Elemente, die, aus der Erfahrung ihrer Berufspraxis heraus, für eine funktionierende Organisation des Familienlebens und das Aufrechterhalten der gegenseitigen Attraktion und sexuellen Anziehung unerläßlich sind:

☐ *Die Eigenarten und Vorlieben der Partner müssen bei der Aufteilung der Familienarbeit berücksichtigt werden.* Dabei sollten Schwerpunkte gesetzt werden, die den Neigungen der Partner entsprechen.

☐ *Die Art und Weise, wie jeder Partner die von ihm übernommenen Arbeiten erledigt, muß ihm überlassen bleiben.* Frauen dürfen nicht länger für sich in Anspruch nehmen, sie allein wüßten, wie Hausarbeit zu erledigen ist.

☐ *Eltern sollten vorrangig dafür sorgen, daß ihre Beziehung in Ordnung und die Atmosphäre in der Familie gut ist.* Auf dieser Grundlage gedeiht ein Kind – selbst wenn es teilweise von anderen versorgt und erzogen wird – meist problemlos.

■ Arbeitsteilung: Jeder tut, was er besser kann

Angenommen, in einer Partnerschaft ist es die Frau, die besser mit dem Geld umgehen kann, während der Mann einen gewissen Hang zum Träumen und Abheben hat – warum sollte also nicht sie die Verantwortung für die Einteilung des Familienbudgets übernehmen? Gut, es ist nicht immer eine dankbare Aufgabe. Zumal dann nicht, wenn das Geld knapp ist. Auch könnte sie sich auf den Standpunkt stellen, der Umgang mit Geld, die Kenntnis von Preisen und Preisentwicklungen schärfe den Realitätssinn ihres Partners. Andererseits liebt sie ihn vielleicht (auch und gerade) wegen seiner Versponnenheit und seiner Neigung für alles Nichtmaterielle. Warum also soll sie sich diesen Reiz zerstören und ihm etwas abverlangen, was er nur höchst ungern und deshalb ohnehin nur unzureichend leisten würde?

Ein anderer denkbarer Fall: Er ist Frühaufsteher, sie leidenschaftliche Langschläferin. Warum soll also nicht er morgens das Kind für die Krippe fertigmachen und es dort abliefern, während sie eine halbe Stunde länger schläft?

Ein drittes Beispiel: Er schreibt ungern Briefe, auf die Eltern, Großeltern und auch manche Freunde bekanntermaßen großen Wert legen. Sie schreibt weniger ungern, also übernimmt sie seine Korrespondenz mit, statt ihm ständig vorzurechnen, daß jetzt er wieder einmal an der Reihe sei ...

Um was es hier geht, ist folgendes: Nicht sture Fifty-fifty-Regelungen sind in einer Beziehung zwischen gleichberechtigten Partnern die Lösung, sondern eine Arbeitsaufteilung, die den Neigungen und Fähigkeiten beider entgegenkommt. Selbstverständlich mit dem Ziel einer gerechten Aufgabenverteilung. Aber es müssen durchaus nicht beide Partner alles können. Der kleine Unterschied – auch in dieser Hinsicht – dient vielmehr der gegenseitigen Anziehung. Es tut beiden Partnern (und ihrer Liebe) gut, wenn sie einander für Dinge bewundern, die der andere besser kann. Dabei geht es in den wenigsten Fällen um geschlechtsspezifische Verschiedenheiten, vielmehr um unterschiedliche Begabungen, Neigungen, Belastbarkeiten. Die aber dürfen, ja sollten bei der Gestaltung des Familienlebens durchaus zutage treten.

Zuständigkeiten sind zu schaffen – nicht nach dem alten Rollenmuster natürlich, aber jeder sollte bestimmte Schwerpunkte setzen können. Vielleicht ist es der Vater, der den Balkon bepflanzt, das Kind ins Marionetten-Theater führt oder mit ihm zusammen die Großeinkäufe im Supermarkt erledigt. Vielleicht ist es die Mutter, die Geschichten vorliest, mit phantasievollen Desserts überrascht, die Wäsche bügelt. So bleiben, bei aller Gemeinsamkeit, doch immer auch ein bißchen Fremdheit, Geheimnis, und damit Anlaß zu Nachfragen, zu Spott und Kritik, die, konstruktiv eingesetzt, die Paar-Dynamik lebendig erhalten.

■ Arbeitstechnik: Die Ordnung des anderen muß akzeptiert werden

In diesem Punkt haben vor allem die Frauen nachzuholen. Sie müssen loslassen lernen. Zwar bestürzen immer wieder die Umfrage-Ergebnisse, die das Defizit der Männer in Sachen Familienarbeit belegen. Nach wie vor ist ihr Anteil am Waschen, Putzen, Kochen, Kinderwiegen äußerst gering. Die schnelle Antwort: „Die Männer sind faul" ist jedoch zu einschichtig. Faulheit allein kann es nicht sein. Sicher, viele Männer drücken sich, wenn es ums Geschirrspülen geht, und suchen sich mit den abenteuerlichsten Begründungen ihren Pflichten zu entwinden. Aber dieselben Männer sind äußerst engagiert, wenn ihr Beruf, ihre sportlichen Interessen, ihre vielfältigen Hobbys zur Debatte stehen. Vermutlich ist es ein ganzes Bündel von Gründen, das Männer aus Küche und Kinderstube fernhält, einer davon ist aber mit Sicherheit die ausgesprochene oder auch nicht ausgesprochene Forderung der Frauen, die Gesetze ihres Handelns im Haushalt als allgemeingültig anzuerkennen. Das heißt: Die Frau gibt die Linie in Küche und Kinderstube vor, und der Mann soll nun alles ganz genauso machen. Das aber will er nicht, das aber kann er nicht. Männer, die versuchen, es ihren Frauen recht zu machen, die nicht ihrer eigenen Logik folgen, sondern immer wieder nachfragen, die sich loben oder tadeln lassen, wenn sie es „richtig" oder „falsch" gemacht haben, geraten hoffnungslos ins Aus. Sie sind nicht nur mit sich selber nicht im reinen, sondern verlieren auch für ihre Frauen jegliche (sexuelle) Attraktivität. An diesem Punkt greift denn nun doch das Geschlechtsspezifische. Denn befriedigende Sexualität hat auch etwas mit Achtung zu tun, die die Partner einander entgegenbringen, und auch mit „männlicher" Forderung und „weiblicher" Hingabe – wobei die Rollen durchaus auch austauschbar sind. Frauen aber haben keine Lust, mit Männern zu schlafen, die sie insgeheim verachten, weil sie schon wieder die Babywäsche „falsch" aufgehängt, die Tagwindel mit der Nachtwindel verwechselt und das Kind, statt es zu beruhigen, mit allerlei Faxen am Einschlafen gehindert haben. Womit den Frauen ihre Haltung selbst zur Falle wird.

Ehrliche Kooperation kann nur da stattfinden, wo es gleiche Ausgangsbedingungen gibt. Das aber bedeutet: die Frauen müßten ihre (traditionelle) „Herrschaft" in den eigenen vier Wänden aufgeben beziehungsweise mit ihren Partnern teilen. Das geht um so leichter, je mehr auch die Frau beruflich engagiert, also nach außen orientiert ist. Doch selbst bei ähnlicher beruflicher Eingebundenheit versuchen viele Frauen bis heute, zu Hause das Zepter in der Hand zu behalten. Die Männer wehren sich nur selten, weil es (auf den ersten Blick) für sie ganz bequem ist. Sie treten ganz gern lässig in die Küchentür und fragen (scheinheilig), ob es denn etwas zu „helfen" gäbe – in der Hoffnung, man möge sie an den Fernseher zurückschicken. Eine Rechnung, die ja auch häufig genug aufgeht. Frauen begründen diesen Verzicht auf „Mithilfe" gern damit, daß sie sagen: „Ach, bis ich dem das alles erklärt habe ..." Die Behauptung (vieler Familien- und Partnerschaftstherapeuten), daß es ihnen im Grunde gar nicht so unlieb sei, daß „er das alles nicht kann", weisen sie natürlich vehement zurück. Und doch ist es so. Es ist ja auch nur zu begreiflich: Wer gibt schon gern eine über Jahrtausende gewachsene Dominanz auf, eine Dominanz, aus der Generationen von Frauen Selbstverständnis und ihre Selbstachtung bezogen. Inzwischen aber hat sich hieraus nur allzu häufig die vielzitierte Dreifach-Belastung der Frau ergeben. Aber solange der Mann der „Hausbursche" bleibt, der auf Geheiß seiner Frau, etwas zerstreut, die Flaschen entsorgt, dem Kind frische Windeln anzieht, die Böden saugt – um nach vollbrachter Tat gelobt und „entlassen" zu werden – solange ist die Libido aufs höchste gefährdet.

Wie kommt man aus diesem Dilemma heraus? Erstens, indem man sich des Problems bewußt wird. Zweitens, indem „frau" eine Entscheidung trifft: Will sie die häusliche Dominanz behalten oder nicht? In beiden Fällen werden entsprechende Konsequenzen zu ziehen sein. Im ersten Fall wird sie ihre häusliche Präsenz weiter ausbauen wollen, also ihre Berufstätigkeit allenfalls als „Zubrot" verstehen. (Das funktioniert natürlich nur, wenn der Partner in der Lage ist, die Familie finanziell weitgehend allein zu unterhalten.) Das heißt aber auch, daß sie ihren Mann in Sachen Familienarbeit weitgehend entlastet. Letztlich wird die alte Arbeitsteilung daraus: die Frau drinnen, draußen der Mann. Beruht diese auf einer gemeinsamen Entscheidung von Frau und Mann, so ist dagegen nichts einzuwenden.

Im zweiten Fall wird die Frau über ihren Schatten springen müssen. Denn wenn der Mann gleich große Teile der Familienarbeit übernimmt, so muß sie akzeptieren, daß er dies gemäß seiner Logik, nach seinen Gesetzen tut. Ein Mann, der den Erziehungsurlaub in Anspruch nimmt, also eine gewisse Zeitspanne vorrangig für Kind und Haushalt zuständig ist, muß dies so machen können, wie er es für richtig hält. Selbstverständlich wird das Paar gewisse Rahmenbedingungen absprechen: die Art der Ernährung des Kindes etwa, Säuglingsschwimmkurs ja oder nein, den Zeitpunkt, wann das Kleinkind abends zu Bett gebracht werden soll – aber im übrigen muß die Frau „aushalten", daß er vieles anders macht als sie, daß die Wohnung anders aussieht, unordentlicher vielleicht, vielleicht aber auch klarer, funktioneller, weniger „gemütlich". Sobald sie das gelassen hinnehmen kann – und nicht abends verstohlen alles rasch wieder in „ihre" Ordnung zu bringen versucht –, wird sie sich entspannen können, wird sie, nun nicht mehr fixiert auf ihre Logik, interessiert betrachten können, wie er das macht. So (und nur so!) entstehen Vertrauen, Gleichberechtigung, Vergnügen am anderen, Lust auf den anderen.

■ Dem Kind geht es gut, wenn die Eltern sich lieben

Eine immer wieder gestellte Frage lautet: Wie verkraftet ein kleines Kind die Berufstätigkeit der Eltern beziehungsweise das stundenweise Getrenntsein von Mutter und Vater? Die Antwort ist im Grunde bekannt: Wenn die Betreuung durch Dritte – ob Kinderfrau, Tagesmutter, Au-pair-Mädchen oder Krippe – gut ist, dann kommt auch das Kind gut damit zurecht. Nichtsdestotrotz wird die Frage gebetsmühlenartig wiederholt, speziell in politisch konservativen Kreisen. Der Verdacht liegt nahe, daß hier das „schlechte Gewissen" der Mütter aufrechterhalten werden soll, um öffentliche Ausgaben auf diesem Sektor einzusparen. Verschärft wird das Problem dadurch, daß die von außen gesäten Zweifel meist auf vorbereiteten Boden treffen – fällt doch den Müttern die (stundenweise) Trennung von ihren kleinen Kindern ohnehin schwer genug.
Hier nun darf man als mittlerweile gesichert zur Kenntnis nehmen: Ein Kind macht stark, was die Eltern stark macht. Wenn Vater und Mutter mit ihrem Job klarkommen, die Kombination „Beruf *und* Kind" als Herausforderung nehmen, die sie zur Entfaltung ihrer schlummernden Talente und ihrer Kreativität animiert, dann wird auch das Kind von dieser positiven Atmosphäre mitgetragen. Es fühlt sich so stark wie seine Eltern – und verkraftet damit auch das vorübergehende Getrenntsein von ihnen.
Diese positive Atmosphäre aber kommt letztlich nur zustande, wenn auch Liebe und Erotik im Spiel sind. Welches Modell auch immer ein Paar für sich findet, um Beruf und Kind unter einen Hut zu bekommen, in jedem Fall ist (auch) darauf zu achten, daß die Voraussetzungen für die gegenseitige Attraktion erhalten bleiben. Und Liebe hat viele Widersacher: die Erschöpfung (weil man sich zuviel zugemutet hat); das falsche Modell (das den eigenen Anspruch und die eigenen Möglichkeiten nicht

zur Deckung bringt); die falschen Erwartungen an den Partner (von dem unablässig und erfolglos etwas eingeklagt wird, was zu erfüllen er nicht imstande ist); und nicht zuletzt: die gedankenlose Vertreibung der Libido durch die Herabwürdigung von Frau und Mann: Herabwürdigung der Frau durch Dreifach-Belastung, Herabwürdigung des Mannes zum „Hansl“, der sich seiner eigenen Logik entfremdet (entfremden muß). Nicht um Schuld (des einen) und Unschuld (des anderen) geht es hier. In diesem Punkt gilt nach wie vor der Spruch: Es gehören immer zwei dazu. Zwei (plus Kind), die ihre Chance nutzen können – oder auch nicht.

Die Super-Lösung für alle und für immer gibt's nicht

Schwierigkeiten in der Bewältigung des Alltags stellen sich auch bei Paaren ein, die mit allerbesten Absichten in das Abenteuer starten, das „Partnerschaft, Beruf und Kind“ heißt. Und sowenig sich diese Schwierigkeiten verallgemeinern lassen, weil die Ausgangsbedingungen jeweils sehr verschieden sind, sowenig lassen sich Verhaltensmuster entwerfen, die für alle verbindlich und erfolgversprechend wären. Hinzu kommt, daß selbst Pläne und Lösungen, die für den Augenblick ideal erscheinen, auf sich entwickelnde und damit verändernde Lebensumstände oft schnell nicht mehr passen und – will man kein Scheitern riskieren – laufend angeglichen werden müssen.

Daß es keine für alle Paare gleiche Lösung gibt und geben kann, ist einerseits Quelle von Mühsal, andererseits Voraussetzung für Freiheit, Erfindungsreichtum und Individualität – Eigenschaften, die Menschen vor allen anderen Lebewesen auszeichnen und als solche höher zu werten sind als jede verbindliche Norm. So unterschiedlich wie die einzelnen Lebensverhältnisse sind denn auch die Modelle, mit denen Paare versuchen, ihr Leben zu dritt oder viert zu meistern, ohne daß einer der Beteiligten in seiner Entfaltung zu sehr behindert wird. Hier einige Beispiele, die Mut machen sollen, mit Kompromissen zu leben und sie nicht als Versagen, sondern als Normalfall zu begreifen.

■ Verzicht auf Karriere – der Häuslichkeit zuliebe?

Die Mutter, 27, ist Goldschmiedin. Zusammen mit zwei Kollegen betreibt sie eine eigene Werkstatt, an die ein kleiner Verkaufsraum angeschlossen ist. Der Vater, 35, ist Sozialpädagoge. Die Tochter ist 2½ Jahre alt. Natürlich wollten sie das Kind partnerschaftlich großziehen. Mutter und Vater sollten/wollten zu gleichen Teilen daran beteiligt sein. Also reduzierten sie ihre Arbeitszeiten; was zwar finanzielle Einbußen bedeutete, ansonsten aber ohne allzu große Schwierigkeiten zu bewerkstelligen war. Die junge Frau einigte sich schnell mit den Partnern ihres kleinen Unternehmens auf eine „flexible Arbeitszeit“, und im Verbund mit einer stundenweise engagierten Kinderfrau aus der Nachbarschaft ließen sich Beruf und Kind einigermaßen reibungslos organisieren.

Der Vater des Kindes arbeitete in der Altenbetreuung in einer Stadtteil-Sozialstation, die erfreulicherweise Vorreiter war, als es darum ging, berufstätigen Eltern die Betreuung des Kindes zu erleichtern. Auch er konnte sich also nach Kräften an der gemeinsamen Aufgabe beteiligen. Die Krise kam, als die Stadt ihm das Angebot machte, die Leitung eines ziemlich großen Amtes zu übernehmen. Hier nun waren Ganztagsarbeit gefordert, regelmäßige Überstunden, totales Engagement (selbstverständlich mit entsprechend höherem Verdienst). Das Angebot machte ihn glücklich und stolz, die Aufgabe reizte ihn, und Eltern und Freunde beglückwünschten ihn dazu. Niemand stellte die Frage: Nimmst du an? Alle hielten es für selbstverständlich, daß er die Chance wahrnehmen würde, ja wahrnehmen *mußte*.
Er selber auch. Andererseits hatte ihm die ganz und gar überraschende Entwicklung zunächst geradezu einen Schlag versetzt. Es war ihm völlig klar, daß dies das Ende eines innigen, zärtlichen Lebens mit Frau und Kind bedeuten würde. Eines Lebens, in dem die Belastungen einerseits und die Entwicklungsmöglichkeiten beider Partner andererseits fein ausbalanciert waren.
Trotzdem nahm er an. Gegen den Willen seiner Frau, die natürlich voraussah, was kommen würde. Und es kam wie befürchtet. Die Versorgung des Kindes ist nun vor allem ihre Sache. Beruflich muß sie entsprechend kürzertreten. Wenn ihr Mann spätabends erschöpft nach Hause kommt, hat er kaum ein Ohr für ihre Sorgen. Am Wochenende versucht er nach Kräften „nachzuholen", kümmert sich um das Kind, um den Haushalt. Aber das Gleichgewicht ist weg. Wenn sie sich bei ihren Freunden, ihren Eltern darüber beklagt, hört sie immer das gleiche: Hätte er etwa das fabelhafte Angebot ausschlagen sollen? Darauf weiß letztlich auch sie keine Antwort.

□ *Kommentar:* Es gibt Probleme, die nicht perfekt zu lösen sind. Ein solches liegt hier vor. Natürlich hätte der junge Vater auf den Karrieresprung verzichten können – doch möglicherweise um den Preis des ewig nagenden Zweifels, des Bedauerns, eine einmalige Chance verpaßt zu haben. Jetzt bleibt nur, das Beste daraus zu machen – also beispielsweise zusätzliche Betreuungsmöglichkeiten durch Dritte wahrzunehmen, um nicht alle Last auf die Frau abzuwälzen. Auch müßte er sich an seinem Arbeitsplatz um Bedingungen bemühen, die ihm mehr Zeit für die Familie lassen.

■ Doch lieber „Kind statt Karriere“ oder: Soviel Freiheit muß sein!

Die Mutter, 29, ist Krankenschwester (zur Zeit Hausfrau), der Vater, 35, Diplom-Ingenieur. Die Tochter ist 4½ Jahre, der Sohn 5 Monate alt. Der Plan sah vor, daß die Mutter nach dem ersten Geburtstag des Sohnes wieder an ihren Arbeitsplatz in einer großen, renommierten Klinik zurückkehren würde. Kurz darauf wollte sie mit einer Qualifizierungsmaßnahme beginnen, mit dem Ziel, später auf der Intensivstation zu arbeiten. Ein Krippenplatz war mit viel Mühe gefunden. Zwar nicht im eigenen Stadtteil, doch die Kindertagesstätte lag am Weg zum Arbeitsplatz. Zeitraubende Umwege würden ihnen also nicht entstehen. Alles schien sich wunschgemäß zu entwickeln. Doch je näher der Geburtstag des Kindes – und damit der Eintrittstermin in die Krippe – heranrückte, um so unruhiger, unglücklicher wurde die Mutter. Sie reagierte schreckhaft, weinte leicht, litt zunehmend an heftigem Herzklopfen – und mußte sich schließlich eingestehen: sie hatte Angst, Angst, aus der innigen Zweisamkeit mit dem Kind auszusteigen, Angst, es in fremde Hände zu geben.
Noch etwas kam hinzu. Sie konnte sich beim besten Willen nicht mehr vorstellen, wie sie neben ihrer Klinikarbeit den Haushalt bewältigen sollte. Sicher, sie hatte es vor der Geburt ihres Kindes auch geschafft, gemeinsam mit ihrem Mann. Und es hatte nicht das geringste Problem gegeben. Sie waren zwei ganz normale berufstätige Erwachsene, deren Leben sich vorwiegend am Arbeitsplatz, beim Sport, auf Zusammenkünften mit Freunden abgespielt hatte. Der „heimische Herd“ war noch ohne Bedeutung gewesen. Das war nun ganz anders. Das Kind hatte Mutter wie Vater mehr auf die Wohnung hin orientiert. Statt abends noch mal schnell in die Kneipe zu gehen, luden sie nun, um sich nicht zu isolieren, ihre Freunde ein. Sie hatten eigens einen großen Tisch angeschafft, um Gäste bewirten zu können. Die junge Frau erprobte mit Eifer neue Rezepte. Sie ließ sich die Handhabung einer Nähmaschine erklären, nähte Tischdecken, Gardinen, Kindersachen. All dies mittlerweile Liebgewordene würde sie nun wieder aufgeben müssen, denn wo Mann und Frau berufstätig sind, zudem ein Kind zu versorgen ist, muß notgedrungen der Haushalt aufs Wesentliche reduziert werden. Für Schnörkel bleibt da keine Zeit.

Alles in ihr rebellierte. Schließlich sprach sie mit ihrem Mann darüber. Das Eingeständnis ihrer Ängste und Zweifel fiel ihr nicht leicht, weil das, was dahintersteckte, gegen den Plan verstieß, auf dem sie selbst so leidenschaftlich bestanden hatte. „Ich sehe mich einfach nicht als Nur-Hausfrau“, hatte sie gegenüber Ehemann, Kollegen, Freunden und Eltern erklärt, „ich liebe meinen Beruf, ich will weiterkommen. Was andere berufstätige Mütter schaffen, schaffe ich auch.“ Ihr Mann hatte sie in ihrem Vorhaben unterstützt, hatte sie gegen ihre Eltern, die ihrer Tochter „mehr Familiensinn“ abverlangten, verteidigt. Und nun dies. Aber er reagierte gelassen. Die Dramatik, die sie dem Fall beimaß, konnte er nicht nachvollziehen. Wie auch! Für ihn würde sich so gut wie nichts ändern. Außer, daß er – kehrte seine Frau tatsächlich vorerst nicht in ihren Beruf zurück – weiter allein für die Familie aufzukommen hätte. Da er nicht schlecht verdiente, außerdem Aufstiegschancen für sich sah, war das kein Problem für ihn. Um so weniger, als er im zurückliegenden Jahr die „Gegenleistungen“ seiner Frau zu schätzen gelernt hatte: das wohlversorgte Kind, die behagliche Wohnung, den schön gedeckten Tisch. Ihm ging es vor allem darum, daß seine Frau zu ihrer Fröhlichkeit, ihrer Beherztheit zurückfand. Dafür konnte ein alter Plan leicht über Bord gekippt werden.

Sie kündigte also ihren Klinikjob. Spürte in den Gesprächen mit ihrem (ehemaligen) Chef und mit den Kolleginnen noch einmal so etwas wie Bedauern, Zweifel – um sich dann aus vollem Herzen, und wie befreit von einer großen Last, ganz ihrer Familie zu widmen. Inzwischen ist ein zweites Kind da. Ein Sohn. Die Familie ist glücklich. Gleichwohl schließt die Mutter nicht aus, daß sie, wenn das zweite Kind in den Kindergarten kommt, vielleicht doch noch einmal einen beruflichen Anlauf nimmt.

□ *Kommentar:* So krisenhaft der Fall auch von der Frau erlebt wurde, so ist hier doch etwas außerordentlich Positives passiert. Die Frau hatte die Möglichkeit der Wahl. Sie *mußte* nicht wieder in den Beruf zurückkehren (um die Familie über Wasser zu halten), aber sie hätte es *können*, denn der alte Arbeitsplatz stand ihr weiter zur Verfügung, und ihr Mann unterstützte sie; was auch hieß: er hätte sich partnerschaftlich um die Versorgung von Kind und Haushalt gekümmert. Nichts stand einer freien Entscheidung im Wege. Dennoch (oder gerade deshalb) war es schwierig, sie zu treffen. Um so mehr, als eine ursprüngliche Entscheidung revidiert werden mußte. Doch genau in solchen Augenblicken erweist sich, wieviel Freiheit man sich zumißt. Gut ist es dann, wenn jemand den Weg, der sich als der falsche erwiesen hat, rechtzeitig wieder verlassen kann. Diese Frau konnte es.

■ Der „Hausmann" – auf Dauer doch nicht attraktiv?

Die Mutter, 39, ist Personalleiterin in einer Bank, der Vater, 38, freier Journalist. Der Sohn ist 10 Jahre alt. Das Paar ist seit eineinhalb Jahren geschieden. Das Kind lebt in der ersten Wochenhälfte bei seinem Vater, in der zweiten Wochenhälfte bei seiner Mutter. Den Sonntag verbringt es – nach Wunsch – mal beim Vater, mal bei der Mutter. Als das Kind geboren wurde, gab der Vater seinen festen Job in der Redaktion einer Tageszeitung auf, um in den nächsten Jahren vor allem das Kind zu betreuen und nebenbei als freier Autor tätig zu sein. Das Paar hatte sich nach ausführlichen Debatten für diesen Weg entschieden. Den Ausschlag für diese Variante hatte das Angebot der Bank gegeben, die Frau (Bankkauffrau und Soziologin) in absehbarer Zeit mit der Leitung eines Teils ihres Personalwesens zu betrauen. Ein hochdotierter Job, der sie alle drei gut ernähren würde.

Die Freunde beglückwünschten das Paar – sie zu ihrem fortschrittlichen, unkonventionellen Mann, ihn zu seinem mutigen Vorhaben. Und beide, Mann wie Frau, schienen glücklich. Jedenfalls beteuerten sie gegenüber jedermann, wie prachtvoll das Kind unter der Obhut des Vaters gedeihe und wie reibungslos der Haushalt funktioniere. Doch schon bald entwickelte die Frau Allüren, wie man sie allenfalls noch von „gestrigen" Ehemännern kennt. Sie nörgelte zunehmend an ihrem Mann herum, unterstellte ihm Nachlässigkeiten bei der Kinderbetreuung und Haushaltsführung, bekrittelte das von ihm gekochte Essen, strich eigene berufliche Leistungen heraus, während er ja eigentlich den ganzen Tag „so gut wie nichts" zu tun habe …

Je intensiver sie sich beruflich engagierte – und je weniger sie deswegen zu Kindererziehung und Haushalt beitragen konnte, desto geringer achtete sie seinen Anteil. Erst die Gespräche mit einer Partnerschaftstherapeutin förderten die eigentliche Ursache ihrer Unzufriedenheit zutage. Sie hatte letztlich den „Rollentausch" doch nicht verkraftet. Der „Hausmann" gefiel ihr nicht. Sie wünschte sich einen beruflich erfolgreichen Partner an ihrer Seite – und nicht jemand, der das Kind wickelte und nur dann am Schreibtisch saß, wenn das Baby schlief.

Zunächst wehrte sie sich mit Händen und Füßen gegen diese Erkenntnis, weil sie ihr Bild von sich selbst zerstörte. Sie war offenbar doch nicht die unkonventionelle Person, die ihr Leben nach eigenen, neuen, nicht alltäglichen Gesichtspunkten gestaltete. Vielmehr haßte sie es, auf die Frage der Kollegen, was denn ihr Mann mache, antworten zu müssen: „Der ist zu Hause und versorgt das Kind.“ Viel lieber hätte sie gesagt: „Der ist auf einem Kongreß in New York.“

Dabei war ihr durchaus bewußt, daß er ihre Karriere zu guten Teilen mittrug, indem er sie von allem „Kleinkram“ freihielt. Doch die Erkenntnis kam zu spät. Zu viele für beide Partner demütigende Diskussionen und Streits waren ihrem Besuch bei der Eheberaterin vorausgegangen. Die Beziehung ließ sich nicht mehr kitten. Bizarrerweise fand die Trennung genau zu dem Zeitpunkt statt, da das Kind selbständiger geworden war und der Mann den neugewonnenen Freiraum dazu nutzte, Arbeiten vorzulegen, die öffentliche Beachtung fanden. Immerhin konnte nach der Scheidung eine faire Freundschaft zwischen Mann und Frau aufgebaut werden, in der sich das Kind geborgen fühlt.

□ *Kommentar:* Die Frau hatte nicht genau und nicht ehrlich genug in sich hineingehorcht – und ist letztlich daran gescheitert, daß ihre geäußerten Aussprüche und ihr verinnerlichtes „Wertesystem“ nicht übereinstimmten. Vielleicht fehlte ihr auch der nötige längere Atem, die schöpferische Phantasie, um Durststrecken, die in jeder Partnerschaft stattfinden, durchzustehen. Der Fall belegt (wieder einmal), wie wichtig es ist, regelmäßig Bilanz zu ziehen. Nur so kann man herausfinden, wie Mann und Frau sich in der Beziehung noch fühlen. Um unter Umständen die Weichen rechtzeitig neu zu stellen.

■ Eifersucht, weil der Vater es genau so gut kann

Die Mutter, 31, ist Verkäuferin in der Wäscheabteilung eines großen Kaufhauses, der Vater, 33, ist Zeitungsdrucker. Die Tochter ist 3 Jahre alt.
Der Vater hatte eine siebenmonatige Arbeitslosigkeit dadurch überbrückt, daß er – anstelle der Mutter – den Erziehungsurlaub nutzte. Das Kind war knapp acht Monate alt, als die Mutter an ihren Arbeitsplatz zurückkehrte und dem Vater das Feld überließ. Sie tat es voller Bangen, der Not gehorchend. Aber mit seinem Arbeitslosen- und ihrem Mutterschaftsgeld allein hätte sich die Familie allzusehr einschränken müssen.

Er hatte sich alles haarklein erklären, sich x-mal zeigen lassen, wo die Windeln, Hemden, Höschen, Pullis, Schlafanzüge untergebracht waren, wie man die Tee- und Milchfläschchen zubereitete. Dennoch war sein Bangen nicht geringer als das ihre. In ihrer Mittagspause holte er sich telefonisch Rat, fieberte ihrer Rückkehr entgegen. Jetzt rächte sich, daß er bislang an dem Geschehen rund um das Kind nicht wirklich Anteil genommen hatte. Trotz seines Entzückens über das kleine Menschenwesen hatte er im Grunde alles seiner Frau überlassen. Die nahm denn auch, kaum zur Tür hereingekommen, alles wieder in ihre bewährten Hände, ordnete, reinigte, tröstete das weinende Baby und schickte ihren erschöpften Mann zum Trainieren auf den Fußballplatz.

Doch seine anfängliche Unsicherheit verringerte sich von Tag zu Tag. Nach zwei Wochen hatte er die Kinderversorgung samt Haushalt voll im Griff. Er war richtig stolz, seiner neuen Aufgabe so rasch gerecht werden zu können. Nebenbei hatte er Verschiedenes anders geordnet. Die Windeln lagen jetzt eine Schublade höher, der Windeleimer stand auf der anderen Seite des Wickeltischs, für die diversen Fläschchen und Sauger hatte er ein kleines Extra-Regal gebaut. „Das ist praktischer", sagte er. Sie sah das ganz anders. „Die Windeln liegen falsch", sagte sie. „Für mich liegen sie richtig", beharrte er.

Wenn sie jetzt abends nach Hause kam, bereit, das Chaos, das er angerichtet hatte, zu beseitigen, so war nun gar kein Chaos mehr da. Mehr noch: sämtliche Nippes und Schmuckgegenstände waren in die Schränke verbannt. „Alles nur Staubfänger", erklärte er. Statt staubzuwischen, ging er lieber auf den Sportplatz. Während er auf der Aschenbahn seine Runden drehte, achtete der Pächter der Sportplatz-Kantine auf das Kind. Der hielt ihm auch einen Tisch frei, auf dem er das Kind ungestört wickeln konnte. „Diesen Sommer", sagte der Vater, „werde ich niemals vergessen. Jeden Tag konnte meine Tochter irgend etwas Neues, und ich erlebte es aus nächster Nähe mit. Als sie die ersten Schritte machte, auf dem Sportplatz natürlich, hätte ich um ein Haar vor Freude geheult."

Die Frau schwankte zwischen Bewunderung und Eifersucht. Einerseits fand sie es großartig, daß er so gut klarkam. Nichtsdestotrotz kostete sie es einige Mühe, genau damit fertig zu werden – fast so, als wäre es ihr lieber gewesen, wenn er sich nicht ganz so geschickt und umsichtig angestellt hätte (und sie sich nicht ganz so überflüssig hätte vorkommen müssen). Manchmal tat ihr regelrecht das Herz weh, wenn das Kind seinem Vater entgegenjauchzte. Eine kluge Freundin, bei der sie sich einmal deswegen ausweinte, wusch ihr den Kopf. Sie solle doch froh sein! Es hätte doch auch ganz anders kommen können: Mann unglücklich, Kind unglücklich – ob ihr das etwa lieber wäre! Es gelang ihr schließlich, sich selbst zur Ordnung zu rufen und sich darüber zu freuen, daß das Experiment, vor dem sie sich beide einmal ursprünglich gefürchtet hatten, so gut funktionierte.

Als er ihr an dem Tag, bevor er seinen neuen Job antrat, das Kind mit den Worten in den Arm gab: „So, jetzt reicht's aber erst mal!", spürte sie eine kleine Genugtuung. Das sagte sie natürlich nicht laut, ja, sie schämte sich fast ein wenig dafür. Aber so war es nun einmal.
Heute geht das Kind vormittags in den Kindergarten, die Mutter steht von halb neun bis eins hinterm Ladentisch, dann fahren beide nach Hause.

□ *Kommentar:* Bislang sind es in der Regel die Mütter, die ihre Berufstätigkeit unterbrechen. Es handelte sich hier also um eine Ausnahme, für die es noch so gut wie keine Modelle gibt. Um so bewundernswerter ist es, daß das Paar – trotz aller Schwierigkeiten – das Experiment „Rollentausch" letztlich doch gemeistert hat. Die Sache ist schließlich doppelt verzwickt: Angenommen der Mann wäre seiner ungewohnten Rolle nicht gerecht geworden, hätte das bei ihm Frust ausgelöst und die Frau nicht wirklich entlastet. Sie wäre vielmehr unweigerlich in die alte Doppel- beziehungsweise Dreifach-Belastung hineingerutscht, die ja gerade vermieden werden sollte. Trotzdem löste gerade die Tatsache, daß der Mann mit seiner ungewohnten Aufgabe unerwartet gut klarkam, Probleme bei ihr aus. Jetzt war es die Frau, die – wider besseres Wissen und Wollen – frustriert war. Daß es ihr trotzdem gelang, sich positiv auf die gegebene (und eigentlich ideale) Situation einzustellen, beweist, daß sie – auch in ihrer beruflichen Orientierung – auf dem richtigen Weg war.

■ Wenn die Frau so ehrgeizig ist wie „normalerweise" der Mann

Die Mutter, 29, ist Chemikerin in der Pflanzenschutzmittelforschung. Mehrmals im Jahr ist sie die ganze Woche unterwegs. In dieser Zeit ist der Mann, 33, Sachbearbeiter in einer Umweltbehörde, für die 2½jährige Tochter zuständig – im Verbund mit einer Kinderfrau. Das Paar steht vor einem Neubeginn. Hinter ihnen liegt eine schmerzhafte Phase gegenseitigen Unverständnisses, gegenseitiger Abkehr – ausgelöst letztlich durch mangelnde Kommunikation. Dabei hatten sie sich ihre gegenseitigen Erwartungen aneinander keineswegs bewußt verschwiegen. Vielmehr war sie der Meinung gewesen, er wisse genau, wie zeitintensiv und wie wichtig ihr der Beruf ist. Er hatte dagegen stillschweigend vorausgesetzt, daß sie – nach zwölfmonatigem Erziehungsurlaub an ihren Arbeitsplatz zurückgekehrt – nun etwas kürzertreten und zumindest die Reise-,

Abend- und Wochenendtätigkeit aufgeben würde. Das Gegenteil war der Fall. Sie hatte ihrer Forschungsarbeit geradezu entgegengefiebert und stieg nun hundertfünfzigprozentig ein. „Mein Beruf ist mein ein und alles", sagte sie oft; nicht bedenkend, wie sehr ihn das kränken mußte. Erst durch ihre Arbeit als Wissenschaftlerin hatte sie aber zu sich selbst gefunden. Bis vor wenigen Jahren war sie extrem schüchtern, zaghaft, ängstlich gewesen, und vollkommen mutlos, was ihre eigenen Möglichkeiten anbetraf. Erst die beruflichen Erfolge – und die Anerkennung der Kollegen, die sie dafür erfuhr – hatten sie zu der selbstbewußten Frau gemacht, in die er sich vor dreieinhalb Jahren so heftig verliebt hatte. Dann war alles ganz schnell gegangen: Drei Monate nach dem Kennenlernen hatte sich das Kind angekündigt, weitere drei Monate später wurde geheiratet. Bis wenige Tage vor der Entbindung hatte sie gearbeitet, hatte viele Abende und Wochenenden im Labor verbracht, um eine Versuchsreihe noch vor der Geburt des Kindes zu Ende zu führen. Es war ihr gelungen. Durchglüht von Freude und Stolz war sie von dem kleinen Anerkennungs- und Abschiedsfest, das ihr die Kollegen gegeben hatten, nach Hause gekommen, hatte bis tief in die Nacht ihrem Mann von ihrer zurückliegenden Arbeit und ihren Plänen für den Wiedereinstieg erzählt. Spätestens an jenem Abend waren dem Mann Zweifel gekommen, ob das denn alles miteinander zu vereinbaren sein würde: Kind, Ehe, Beruf. Er hatte aber nichts gesagt.

Nach ihrem Wiedereinstieg bestätigten sich seine Zweifel. Es ging nicht. Sie vergrub sich geradezu mit Inbrunst in ihre Arbeit; er fühlte sich oft mit dem Kind allein gelassen. Seinen Vorhaltungen wich sie aus, vertröstete auf das baldige Ende der laufenden komplizierten Versuchsphase. Aber es änderte sich wenig. Zwar kümmerte sie sich nach Kräften um Kind und Haushalt, sobald sie nach Hause kam. Aber häufig kam sie erst, wenn das Kind längst schlief – und die Wäsche bereits auf der Leine hing. Seinen immer massiveren Vorwürfen begegnete sie ihrerseits mit Empörung, bezichtigte ihn der absoluten Ahnungslosigkeit, der Illoyalität, der geringen Belastbarkeit. Wenn sie schon die ganze Nacht beobachtend im Labor verbringen müsse, dann könne er doch wenigstens das Kind hüten ... Sein Einwand, daß man mit der Nacht ja auch noch etwas ganz anderes anfangen könne, erreichte sie schon gar nicht mehr.

Der Schock kam, als sie, am späten Samstagabend von der Arbeit zurückgekehrt, weder Mann noch Kind antraf. Einem Zettel entnahm sie, daß die beiden übers Wochenende zu seinem Bruder aufs Land gefahren seien. Sie habe ja sowieso keine Zeit ... Sie war außer sich, tobte am Telefon, warf ihm unsolidarisches Verhalten vor – bis er grußlos auflegte. Es war ein heilsamer Schock, der ihr ins Bewußtsein rief, was auch ihr tief im Innern längst klar war: daß Beruf und Familie besser ausbalanciert werden mußten, auch, daß man sich ganz bewußt Zeit für den Partner nehmen mußte, wollte man nicht riskieren, daß die Liebe ganz erlosch. Das aber wollte (und will) sie ganz und gar nicht. In Gegenwart seines Bruders, den sie ebenfalls schätzt, kam es zu ersten klärenden Gesprächen. Zum erstenmal überdachte sie bewußt und in allen Konsequenzen, was der Beruf für sie bedeutete. Und zum erstenmal sprach er aus, wie schmerzlich er sie vermißt hatte – weniger als Mit-Arbeitende denn als zärtliche Partnerin. Zusammen machten sie einen Plan: Sie will in Zukunft mehr Arbeit an Kollegen delegieren und sich längere Fristen für die Auswertungen der Versuche erbitten. Er will ihr nicht länger übelnehmen, wenn sie mal wieder übers Ziel hinausschießt. Vor allem aber wollten sie sich mehr Zeit für einander nehmen. Für ihre Liebe. Fürs Leben.

□ *Kommentar:* Ob das Experiment glückt, ist offen. Die Voraussetzungen sind gut: Beide sind besten Willens. Ihre Liebe ist noch keineswegs erloschen, muß allerdings neu entfacht werden. Aber da Liebe ja auch viel mit dem „Entschluß zu lieben" zu tun hat (zumindest nach Ansicht des berühmten Psychotherapeuten Erich Fromm), hat die Sache immerhin recht gute Chancen.

■ „Statt viel zu reden, muß man es einfach tun!"

Die Mutter, 35, ist Sportlehrerin an einem Gymnasium, der Vater, 36, ist Verkaufsleiter eines Sportgeschäfts. Die Tochter ist 7, der Sohn 5 Jahre alt.
Ihr sei es auch nicht ein einziges Mal in den Sinn gekommen, den Beruf der Kinder wegen aufzugeben, erzählt die Mutter. Die Schutzfristen vor und nach der Entbindung habe sie eingehalten, aber das sei es dann auch schon gewesen.
Tochter und Sohn wurden als Säuglinge von Au-pair-Mädchen mitbetreut – zwei jungen Frauen aus Finnland, mit denen die Familie heute noch in freundschaftlicher Verbindung steht. Beim ersten Au-pair-Mädchen war es ein Zufall, daß sie aus Finnland kam, die zweite wurde gezielt gesucht, weil die Erfahrung mit der ersten und anschließende Besuche in Finnland eine Art Seelenverwandtschaft mit den Finnen zutage gefördert

hatten. In Finnland stieß das Paar denn auch in Fragen der Familiengestaltung und Kindererziehung auf Vorstellungen, die es selber vertritt: Locker muß das alles gehen, ohne Krampf. Statt mühsam ausgetüftelte Programme zu erfüllen, ziehen Mann und Frau ganz selbstverständlich an einem Strang, und die Kinder sind ebenso selbstverständlich mit einbezogen. Die Familie verbindet ein großes gemeinsames Interesse: der Sport. Die Freizeit wird auf dem Sportplatz verbracht, auf dem Tennisplatz, im Schwimmbad, gemeinsam mit befreundeten Familien. Die Kinder beteiligen sich bereits an Schwimmwettbewerben, präsentieren stolz Siegernadeln, Ehrenurkunden. Ein Foto zeigt die Fünfjährige am Rand des Schwimmbeckens vor dem Start: ganz Konzentration. Die Eltern vertreten den Standpunkt, daß Sport, – mit gewissem Ernst betrieben –, fürs ganze Leben hilfreich sei. Weil die Einübung in die Konzentration aller Kräfte auf einen bestimmten Augenblick die Angst vor großen Aufgaben mildere.
An der Diskussion, wie denn Beruf und Kind unter einen Hut zu kriegen sind, mögen sie sich nicht beteiligen. Sie halten das Ganze für eine Scheindiskussion, bei der es in Wirklichkeit um ganz andere Fragen geht. Darum etwa, daß man eigentlich gar kein Kind haben will, daß man im Grunde das Single-Dasein dem Familienleben vorzieht. „Statt viel zu reden, muß man es einfach machen", ist ihre Devise. Mit Problemen könnten sie nicht aufwarten: „Alles läuft wie am Schnürchen."

□ *Kommentar:* Ein Glücksfall. Hier haben sich zwei Menschen gefunden, die tatsächlich dasselbe wollen, nämlich ein funktionierendes Familienleben, zu dem sie beide gleichermaßen beitragen. Ihr zweites Plus: das gemeinsame Freizeitinteresse (das außerdem fast nahtlos in die beruflichen Interessen übergeht). Hinzu kommt der nötige finanzielle Spielraum, der es ihnen ermöglichte, sich jemanden für die Kinderbetreuung ins Haus zu holen. Hilfreich war und ist sicherlich auch die optimistische, selbstverständliche Einstellung. Denn soviel ist sicher: Wenn das positive Herangehen an ein Problem dieses auch nicht im Handumdrehen aus der Welt schafft, so werden dabei doch Kräfte mobilisiert, die langfristig für eine gute Lösung sorgen.

Noch immer wird die Forderung nach Gleichberechtigung nicht als das verstanden, was sie ist: das Verlangen nach Verwirklichung der „Menschenrechte" aller Gesellschaftsmitglieder. Noch immer werden die „Biologie der Frau" und die „natürliche Ordnung" zitiert, wenn es darum geht, Frauen den Zugang zu den Pfründen von Macht, Geld und Selbstbestimmung zu verweigern. Von der „natürlichen Ordnung" aber haben sich die Menschen zunehmend emanzipiert, seit sie die Gesetze ihres Zusammenlebens und ihre Moralvorstellungen selbst zu bestimmen begannen. Dieser Prozeß ist (wie alles geschichtliche Geschehen) nicht rückgängig zu machen, und kein Lamento, keine Sehnsucht nach unkomplizierteren Lebensentwürfen wird ihn aufhalten.

□ *Gefordert ist deshalb statt ideologischen Bremsmanövern und finanzpolitischer Ausflüchte ein politischer Wille zugunsten einer Gleichberechtigung auf allen Ebenen, die nicht als „Luxus" betrachtet wird, den die Frauen gefälligst mit doppeltem Kräfteeinsatz selbst zu bezahlen hätten.*

□ *Gefordert ist eine pragmatische, ideologiefreie Herangehensweise an das Problem „Kind und Beruf" und die Orientierung an der Realität.* Es ist zynisch, direkt oder indirekt ein Klima zu nähren, das die berufstätige Mutter mit einem Stigma versieht und die außerhäusliche Betreuung von Kleinkindern abwertet. 44 Prozent der Mütter mit Kindern unter zehn Jahren (in den alten Bundesländern) und 77 Prozent der Mütter mit Kindern unter zehn Jahren (in den neuen Bundesländern) gehen einer Berufstätigkeit nach. Viele *wollen* es, viele *müssen* es (weil sie alleinstehend sind oder der Partner nicht genug verdient). Das Entscheidende: Es *ist* so, und es wird weiterhin so sein – mit steigender Tendenz. Wieder spielen zwei Gründe eine Rolle: immer mehr Frauen *müssen* arbeiten, weil die fortschreitende Teuerung ihnen gar keine Wahl läßt; immer mehr Frauen *wollen* es aber auch, weil sie Spaß an ihrem Beruf haben. Eine Veränderung des öffentlichen Bewußtseins, die dieser Wirklichkeit Rechnung trägt und endlich die alten Zöpfe abschneidet, ist überfällig.

□ *Gefordert ist eine wirklich freie Wahl der Entscheidung, ob der Erziehungsurlaub in Anspruch genommen wird oder nicht.* Das hat zur Voraussetzung: Statt der maximal 600 Mark monatliches Erziehungsgeld muß eine Summe bereitgestellt werden, die einen mittleren Lebensstandard abdeckt. Bislang kann der Erziehungsurlaub nur dann von Mutter oder Vater genutzt werden, wenn der andere Partner ausreichend verdient. Alleinstehende Mütter sind damit von vornherein ausgeschlossen.

☐ *Gefordert ist eine ausreichende Anzahl öffentlicher Einrichtungen zur Betreuung und Förderung von Kindern bis zu ihrer Schulpflicht, und zwar in Stadt und Land.* Diese Einrichtungen müssen räumlich und personell nach neuesten kinderpsychologischen, pädagogischen, ökologischen und sicherheitstechnischen Erkenntnissen ausgestattet sein. Das heißt auch:

- *die Erzieherinnen und Erzieher müssen angemessen bezahlt werden.* Nur so läßt sich einer Entwicklung entgegenwirken, die in den Krankenhäusern bereits Realität ist: Pflegenotstand. Die Bezüge einer 25jährigen Erzieherin liegen heute bei etwa 1700 Mark netto. Angesichts der Bedeutung ihrer Arbeit und ihrer Arbeitsbelastung ist das bitterer Hohn;
- *gefordert sind angepaßte Öffnungszeiten der Krippen, Kindergärten, Kindertagesstätten.* Unendlicher Eltern-Streß entfiele, wenn die Öffnungszeiten der Betreuungseinrichtungen sich grundsätzlich an den Arbeitszeiten der Eltern orientierten. Vor- und Nachbetreuung außerhalb der Kern-Öffnungszeiten sind deshalb unerläßlich. Das bedeutet natürlich auch: mehr Betreuerinnen und Betreuer müssen eingestellt werden;
- *mehr Ganztagsschulen.* In Bayern wurden die Gesamtschulen, und damit ein Gutteil der Ganztagsschulen, im Frühjahr 1992 fast vollständig abgeschafft. Das Modell tauge nichts, hieß es offiziell. Ein Skandal ohnegleichen. Denn die Eltern sehen das vollkommen anders: Nach einer aktuellen Umfrage wünschen sich 63 Prozent der Eltern in den alten und neuen Bundesländern Ganztagsschulen. Mit Mittagessen, Hausaufgabenüberwachung, Lern-, Sport- und Spielangeboten;
- *eine ausreichende Anzahl Schulhorte*, in denen die Sechs- bis Zwölf- beziehungsweise Vierzehnjährigen betreut werden, wenn mittags die Schulen schließen.

☐ *Gefordert sind Lehrinhalte an den Schulen, die erstens endgültig mit den alten Rollenzuweisungen aufräumen und zweitens die Erziehung von Kindern als das vermitteln, was sie ist*: nämlich keineswegs (nur) das Privatvergnügen der Eltern, vielmehr eine hochrangige gesamtgesellschaftliche Aufgabe, die jeder einzelne mitzutragen hat. Weil jeder einzelne (auch) Nutznießer ist.

■ Auskünfte über die Rechte von Schwangeren, Müttern, Vätern und Kindern erteilen:

Bundesministerium für Frauen
und Jugend in
5300 Bonn 2, Kennedyallee 105
Tel. 02 28/930–0

Bundesministerium für Familie
und Senioren in
5300 Bonn 1, Godesberger
Allee 140
Tel. 02 28/30 60

Presse- und Informationsamt
der Bundesregierung in
5300 Bonn 1, Welckerstr. 11
Tel. 02 28/208–0

In der Reihe „Ratschläge und Hinweise" veröffentlicht das Presse- und Informationsamt regelmäßig Broschüren, die einen Überblick über die familienpolitischen Hilfen der Bundesregierung geben. Auf Anfrage sind sie kostenlos erhältlich.

■ Informationen über Aktivitäten von Frauen für Frauen (und Familien), bekommt man von:

Deutscher Frauenring e. V. in
6350 Bad Nauheim, Lessingstr. 9
Tel. 060 32/17 14

Unabhängiger Frauenverband
(Haus der Demokratie) in
O-1080 Berlin, Friedrichstr. 165
Tel. 003 72/229 16 85

Geschäftsstelle des Deutschen
Frauenrates in
5300 Bonn 2, Simrockstr. 5
Tel. 02 28/22 30 08

DIE GRÜNEN, Bundes-
geschäftsstelle, Frauenreferat
(Rita Werkmeisterin) in
5300 Bonn, Postfach 1422
Tel. 02 28/72 61 30

PDS, Fraktion im Bundestag in
5300 Bonn, Postfach

Arbeitsgemeinschaft Sozial-
demokratischer Frauen in
5300 Bonn 1, Ollenhauerstr. 1

Kommission Gleichberechtigung und Familienpolitik in der FDP in *5300 Bonn 1*, Braunscheidstr. 15
Tel. 02 28/547–317

Frauenvereinigung der CDU in *5300 Bonn 1*, Friedrich-Ebert-Allee 73–75
Tel. 02 28/544–315

Deutscher Verband Berufstätiger Frauen e. V. in *5757 Haan*, Briandstr. 2
Tel. 021 29/48 61

Frauen-Union der CSU in *8000 München 2*, Nymphenburger Str. 64
Tel. 089/124 32 37

■ Ansprechpartner für Eltern, die für ihr Kind einen Betreuungsplatz suchen und/oder eine Betreuungseinrichtung gründen wollen, sind:

Überregional:

Bundesverband Mütterzentren
Gabi Potthast (Gebäude 6) in *4630 Bochum*, Herner Str. 299
Tel. 02 34/53 37 51

Verband Alleinstehender Mütter und Väter e. V. (VAMV) in *5300 Bonn 2*, V.-Groote-Platz 20

Deutscher Bundesjugendring in *5300 Bonn 1*, Haager Weg 44

Deutscher Landfrauenverband in *5300 Bonn 2*, Godesberger Allee 142

Deutsches Rotes Kreuz in *5300 Bonn 1*, Friedrich-Ebert-Allee 71

Bundesverband Neue Erziehung
5300 Bonn 1, Oppelner Str. 130

Nationale Kontakt- und Informationsstelle zur Anregung und Unterstützung von Selbsthilfegruppen
1000 Berlin 31, Albrecht-Achilles-Str. 65
Tel. 030/891 40 19

Deutsches Zentralinstitut für soziale Fragen in *1000 Berlin 33*, Miquelstr. 83
Tel. 030/832 40 41

Deutscher Paritätischer Wohlfahrtsverband e. V. in *6000 Frankfurt 71*, Heinrich-Hoffmann-Str. 3

Deutscher Caritasverband in *7800 Freiburg*, Karlstr. 40

Bundeskonferenz für Erziehungsberatung e. V. (auch Verzeichnis der Erziehungs- und Familienberatungsstellen erhältlich) in
8510 Fürth, Amalienstr. 6

Deutsche Arbeitsgemeinschaften Selbsthilfegruppen in
6300 Gießen, Friedrichstr. 28
Tel. 06 41/702 24 78

Arbeitsgemeinschaft Tagesmütter
3000 Hannover, Bödeckerstr. 62

Deutscher Kinderschutzbund e. V.
3000 Hannover 1, Drostestr. 14–16
Tel. 05 11/66 20 56

Bundeszentrale für gesundheitliche Aufklärung in
5000 Köln 91, Ostmerheimer Str. 200

Deutsche Katholiken in
5000 Köln 1, Kolpingplatz 5–11

Arbeitsgemeinschaft sozialpolitischer Arbeitskreise in
8000 München 2, Adlzreiterstr. 23
Tel. 089/77 40 77

Bundesarbeitsgemeinschaft Elterninitiativen e. V. über „Die Mitarbeit“ in
8000 München 80, Elsässerstr. 13
Tel. 089/48 63 43

Pflege- und Adoptiveltern Bundesverband in
4400 Münster, Roggenmarkt 9
Tel. 02 51/459 40

Diakonisches Werk (Familienerholung u. a.) in
7000 Stuttgart 1, Stafflenbergstr. 76

Regional:

AKIS – Aachener Kontakt- und Informationsstelle für Selbsthilfe in
5100 Aachen, Kaiserplatz 19–21
Tel. 02 41/490 09

Volkshochschule Aachen in
5100 Aachen 1, Petersstr. 21–25
Tel. 02 41/484 17

Kontaktstelle für Selbsthilfegruppen
1000 Berlin 26, Eichhorsterweg 32
Tel. 030/416 48 42

Selbsthilfe Informationsstelle in
1000 Berlin 31, Albrecht-Achilles-Str. 65
Tel. 030/892 66 01

Selbsthilfe Projekte Initiativen in
1000 Berlin 19, Knobelsdorffstr. 19
Tel. 030/325 53 54

Informationsstelle für
Selbsthilfegruppen in
4800 Bielefeld 1, Stapenhorststr. 5
Tel. 05 21/12 18 02

Selbsthilfezentrum der Ruhr-
Universität Bochum in
4630 Bochum-Querenberg,
Buscheyplatz 3
Tel. 02 34/700 23 32

SEKIS – Selbsthilfe (Kontakt-
und Informationsstelle) in
5300 Bonn 1, Lotharstr.95
Tel. 02 28/21 39 54

KISS – Kontakt- und Infor-
mationsstelle für Selbsthilfe-
gruppen Dortmund in
4600 Dortmund 1, Leuthardstr. 6
Tel. 02 31/52 90 97

Kontakt- und Informationsstelle
für Selbsthilfegruppen in
4000 Düsseldorf 30,
Karl-Mosterts-Platz 4
Tel. 02 11/48 23 62

Kontaktstelle Selbsthilfe in
8520 Erlangen, Ohmstr. 2
Tel. 091 31/20 92 34

KISS – Kontakt- und Infor-
mationsstelle für Selbsthilfe in
4300 Essen 1, Camillo-Sitte-Platz 3
Tel. 02 01/26 56 26

Arbeitsgemeinschaften
Selbsthilfegruppen in
6000 Frankfurt 1, Uhlandstr. 50
Tel. 069/44 50 67

Beratungsstellen Selbsthilfe-
gruppen (Uniklinikum) in
6000 Frankfurt 70,
Theodor-Stern-Kai 7
Tel. 069/63 01–74 80

Selbsthilfegruppen Fulda in
6400 Fulda, Stresemannstr. 41
Tel. 06 61/559 19 + 60 10 81

Selbsthilfe-Zentrum der Uni
Gießen
6300 Gießen, Friedrichstr. 28
Tel. 06 41/702 24 78

Kontakt- und Informationsstelle
für Selbsthilfegruppen in
2000 Hamburg 50, Gaußstr. 21
Tel. 040/739 57 67

Kontakt- und Informationsstelle
für Selbsthilfegruppen in
2000 Hamburg 60,
Fuhlsbütteler Str. 401
Tel. 040/631 11 10

Informationstelefon Selbst-
hilfegruppen in
6450 Hanau, Fahrstr. 9
Tel. 061 81/25 55 00

Hannovers Beratungsstellen
im Selbsthilfebereich in
3000 Hannover 1, Bödekerstr. 85
Tel. 05 11/66 65 67

Stadtgesundheitsamt Kassel in
3500 Kassel, Wilhelmshöher
Allee 32 A
Tel. 05 61/10 49 35

Informationsstelle für Selbsthilfe
5000 Köln 1, Herwarthstr. 12
Tel. 02 21/52 70 81

Hessisches Mütterbüro in
6070 Langen, Bahnstr. 39
Tel. 061 03/282 34

AOK Gesundheitszentrum
Kontakt- und Informationsstelle
für Selbsthilfegruppen in
2400 Lübeck 1, Fleischhauerstr. 59
Tel. 04 51/150 82 09

Lüner Selbsthilfegruppen in
4670 Lünen-Brambauer,
Yorckstr. 2
Tel. 02 31/87 16 40

Selbsthilfegruppen Rhein-Neckar
6800 Mannheim, Schimperstr. 41
Tel. 06 21/33 24 62

Marburger Arbeitsgemeinschaft
Selbsthilfegruppen in
3550 Marburg, Rollwiesenweg 1
Tel. 064 21/40 12 16

Sozialpsychiatrie e. V. in
3550 Marburg, Haspelstr. 17
Tel. 064 21/260 41 + 627 03

Selbsthilfe Informationsstelle in
4950 Minden, Lindenstr. 29
Tel. 05 71/250 33

Selbsthilfezentrum München in
8000 München 5, Auenstr. 31
Tel. 089/725 51 78

Münsteraner Informations- und
Kontaktstelle für Selbsthilfe in
4400 Münster 1, Herwarthstr. 2
Tel. 02 51/51 12 63

KISS – Kontakt- und Informationsstelle für Selbsthilfegruppen Osnabrück in
4500 Osnabrück, Kurt-Schumacher-Damm 8
Tel. 05 41/43 02 66

Paderborner Kontaktstelle für
Selbsthilfegruppen in
4790 Paderborn, Agathastr. 1
Tel. 052 51/20 51 10

Informationsstelle Selbsthilfegruppen (Kath. Fachhochschule)
6600 Saarbrücken 2,
Rostpfuhl 12 A
Tel. 06 81/720 31

KISS – Kontakt- und Informationsstelle für Selbsthilfegruppen
5200 Siegburg, Lindenstr. 58
Tel. 022 31/630 11

Informationsstelle Selbsthilfe in
5900 Siegen, Sandstr. 12
Tel. 02 71/570 25

Kontaktstelle Selbsthilfe in
7000 Stuttgart 1, Christophstr. 8
Tel. 07 11/640 80 91/2

Selbsthilfe Informationsstelle in
5500 Trier, Franz-Georg-Str. 36
Tel. 06 51/229 00

Informationsstelle Selbsthilfe in
6520 Worms, Ludwigstr. 31
Tel. 062 41/853–237

Frauen-Beratung und Selbsthilfe e. V. Wuppertal in
5600 Wuppertal 1, Kieselstr. 41
Tel. 02 02/42 39 46

■ Auskünfte zur aktuellen Situation von Frauen, Kindern und Familien in Deutschland erteilen:

Informationsdienst des Forschungsinstituts Frau und Gesellschaft (Arbeitsergebnisse in Familien- und Frauenforschung) in
3000 Hannover 1, Goethestr. 29

Deutsches Jugendinstitut (Familien- und Frauen-/ Jugendforschung Verlag) in
8000 München 90, Freibadstr. 30

Register